Um sensível olhar
sobre o
terceiro setor

Dados Internacionais de Catalogação na Publicação (CIP)
(Câmara Brasileira do Livro, SP, Brasil)

Um sensível olhar sobre o terceiro setor / Eudosia Acuña Quinteiro (org.). — São Paulo : Summus, 2006.

Vários autores.
Bibliografia.
ISBN 85-323-0302-1

1. Cidadania – Brasil 2. Empresas – Responsabilidade social 3. Participação social – Brasil 4. Terceiro setor 5. Voluntariado I. Quinteiro, Eudosia Acuña. II. Título.

06-6103   CDD-658.001

Índices para catálogo sistemático:

1. Terceiro setor : Empresas : Voluntariado : Administração   658.001
2. Terceiro setor : Voluntariado : Empresas : Administração   658.001

Compre em lugar de fotocopiar.
Cada real que você dá por um livro recompensa seus autores
e os convida a produzir mais sobre o tema;
incentiva seus editores a encomendar, traduzir e publicar
outras obras sobre o assunto;
e paga aos livreiros por estocar e levar até você livros
para a sua informação e o seu entretenimento.
Cada real que você dá pela fotocópia não-autorizada de um livro
financia o crime
e ajuda a matar a produção intelectual de seu país.

Um sensível olhar
sobre o
terceiro setor

Eudosia Acuña Quinteiro (org.)

Eliana Matayóshi Yamaguti
Leda Yukiko Matayoshi
Mariléa C. de Oliveira Viebig
Patrícia Guimarães Gil
Sérgio Bialski
Silvia Olga Knopfler Santana
Sydney Manzione

summus editorial

UM SENSÍVEL OLHAR SOBRE O TERCEIRO SETOR
Copyright © 2006 by autores
Direitos desta edição reservados por Summus Editorial

Editora executiva: **Soraia Bini Cury**
Assistente de produção: **Claudia Agnelli**
Capa: **Daniel Rampazzo**
Projeto gráfico e diagramação: **Raquel Coelho / Casa de Idéias**
Fotolitos: **Casa de Tipos**

Summus Editorial
Departamento editorial:
Rua Itapicuru, 613 – 7º andar
05006-000 – São Paulo – SP
Fone: (11) 3872-3322
Fax: (11) 3872-7476
http://www.summus.com.br
e-mail: summus@summus.com.br

Atendimento ao consumidor:
Summus Editorial
Fone: (11) 3865-9890

Vendas por atacado:
Fone: (11) 3873-8638
Fax: (11) 3873-7085
e-mail: vendas@summus.com.br

Impresso no Brasil

Agradeço a todos os que tão gentilmente cooperaram para esta obra, doando suas pesquisas e seu trabalho, na intenção de levar aos interessados sobre o terceiro setor um pouco das reflexões e preocupações que parecem necessárias, principalmente aos que se dedicam ao serviço voluntário, em suas diferentes áreas de atuação.

São os olhares específicos e cheios de sensibilidade que fomentam a ação humana, levando-nos à evolução pessoal e coletiva. É a ação continuada, sem medo do cansaço, mas que proporciona um bem-estar indescritível.

A todos, minha gratidão.

Eudosia Acuña Quinteiro

Sumário

Histórias de um sensível olhar, 9

Um sensível olhar, 19

Fala, cidadão!, 21
Eudosia Acuña Quinteiro

Universidade, comunidade e terceiro setor:
abrindo canais de comunicação, 40
Leda Yukiko Matayoshi

Legislação e terceiro setor, 70
Eliana Matayóshi Yamaguti

Comunicação visual nas organizações do terceiro
setor: enxergando com o coração, 88
Mariléa C. de Oliveira Viebig

Voluntariado, uma vontade de pertencimento, 108
Patrícia Guimarães Gil

Responsabilidade social empresarial: um brado que ecoa, 124
Sérgio Bialski

A comunicação e a captação de recursos no terceiro setor, 144
Silvia Olga Knopfler Santana

Meio ambiente e comunicação, 158
Sydney Manzione

Educomunicação: novo campo de atuação profissional e o terceiro setor, 187
Leda Yukiko Matayoshi

O voluntariado, 211
Eudosia Acuña Quinteiro

Histórias de um sensível olhar

Era uma vez uma voluntária... Sem muita consciência do que era efetivamente ação social e sua importância, mas profundamente sensibilizada e interessada nos que mais sofriam, engajou-se no trabalho voluntário. Com o espírito aberto para realizar o bem comum, aceitou a tarefa de fazer parte de uma equipe que se propunha construir um asilo para idosos desamparados.

A instituição nascente recebeu o nome Lar Dr. Adolfo Bezerra de Menezes (Labem), implantado na Vila Bonita, 4ª divisão do município de Ribeirão Pires. No início era somente um "terrenão" com uma casa onde morava o doador, Amaral Menezes.

Ficou resolvido que todos os domingos nos reuniríamos no local às 10 da manhã para dar andamento ao projeto. De início, eu não passava de mera observadora e acompanhante, participando apenas da prática religiosa. Qualifiquei-me, aos poucos, como cooperadora perfeitamente idônea para realizar pequenas tarefas em um grupo que mal chegava a dez pessoas – todas muito competentes, sem dúvida. No entanto, observava tudo com olhos assustados, talvez pela falta de experiência, ou receosos, pela envergadura do projeto, mas plenamente confiantes em sua realização. Por volta de 1976, lançou-se a pedra fundamental do Labem.

O terreno estava lá, sim, porém faltava todo o resto. O que fazer? Idéias... idéias... jantares beneficentes... (Foi exatamente aí que comecei a dar valor ao ato criativo de cozinhar. Salve a cozinha!) Todo mês, um jantar. E toca a vender convites, chamar gente, inventar cardápio. Todos os salões de festa dos edifícios onde moravam os voluntários foram requisitados. Entretanto, era pouco. O dinheiro não bastava para o tamanho do projeto. Não foram esquecidos os chás, os bingos, as festas juninas, os churrascos na obra, as rifas... Enfim, captação de recursos a todo vapor.

Poucos anos depois, eu já fazia parte ativa da diretoria, da gestão; nem tanto por ser professora da Universidade de São Paulo, e sim pela fé na necessidade da realização da obra, pois, de resto, nada mudou: era muito trabalho para todos e pouco dinheiro para o empreendimento.

Diretoria, conselho e associados, cargos exercidos em revezamento para atender à lei, porém continuávamos efetivamente em serviço voluntário. O grupo era o mesmo numericamente, embora muita gente tivesse passado pela obra. Afinal, muitos se interessam pelo terceiro setor, mas as responsabilidades e a necessidade de renúncias pessoais tornam-se um grande impasse para o voluntário. Projeto de caridade é assim mesmo: um faz o projeto, outro assina, outro toca a obra, e às vezes não sobra ninguém da antiga turma. Novos cooperadores aparecem, alguns somem, outros ficam, mas o importante é que a obra acaba sendo implantada. Dez anos depois, o Labem estava funcionando com sua capacidade máxima de lotação.

Nem tudo, porém, era "terror" na participação da construção do Labem; a alegria era a tônica do servir. Vivemos muitos episódios, alguns até bem engraçados. Ainda não se conhecia a expressão "terceiro setor", muito menos "responsabilidade social". Isso só chegou mais tarde, quando os termos "caridade" e "filantropia" tomaram vulto e se tornaram motivo de profundo constrangimento para muitos participantes, cooperadores e voluntários – coisa de intelectual de gabinete, que está sempre mudando as palavras segundo a moda, mas efetivamente trabalha pouco no corpo-a-corpo e, na intenção de participar, cria novas palavras, as quais, na prática, não têm importância alguma.

Um dia, quando os dois pavimentos já estavam no concreto, com as lajes prontas, pensamos em subir até o segundo deles. Após algumas voltas ao redor da obra, percebemos com surpresa e bastante desespero que não havia comunicação entre os dois andares! Salvou-nos de tamanha aflição um arquiteto amigo que resolveu o problema e assumiu o restante da obra, criando um sistema de rampas externas que resultaram muito charmosas.

A acolhida dos internos foi outra maratona: o enxoval, a lavanderia, a despensa, a cozinha, o cardápio, o planejamento de atividades, a horta, o jardim, o médico, a enfermagem, os remédios, o relacionamento com a comunidade e com a prefeitura local, as parcerias, enfim uma verdadeira faculdade!

O Labem marcou meu início como voluntária. Encerrando um ciclo de dez anos, outras entidades foram fazendo parte de minha vida, com os mais variados problemas e envolvimentos, até a criação do Grupo Socorrista Irmão Alberto (GSIA), fundado por mim em 27 de julho de 1988, no bairro da Vila Mariana, cidade de

São Paulo, que ainda tenho a alegria de presidir. Com a missão de amparar a mãe e seus filhos por meio de projetos socioeducativos, o grupo passou, com o tempo, a priorizar o atendimento a crianças, adolescentes e idosos de famílias de baixa renda. E, novamente fechando um ciclo de dez anos, novos rumos apareceram. Entre 1998 e 2005, na Praia Grande (SP), fundei o Grupo Socorrista Alvorada Nova (GSAN) 1 e 2, amparando as comunidades locais. Implantei, ainda, o projeto Casa da Paz, lar de idosos sob a administração do GSAN 1. Todas essas unidades têm o GSIA como mantenedor e também propiciam apoio socioeducativo aos beneficiários. Vale ainda destacar que, em 2005, fui solicitada a dar apoio tecnológico a uma entidade de amparo a famílias pobres no bairro de Pedreira, zona sul da capital paulista, em meio às favelas Selma 1 e Selma 2.

Antes mesmo de completar outro ciclo de dez anos – parece que atualmente as necessidades estão em ritmo galopante –, estou me preparando para o próximo desafio: implantar a Unidade Rural Irmão Alberto (Uria), megaprojeto de desenvolvimento social sustentável com atividades em torno de um agronegócio.

Como se pode observar, tudo começou com a atividade caritativa, que foi sendo chamada de "filantropia", chegando à denominação "responsabilidade social". Todo esse contexto inclui-se no cenário que conhecemos neste momento como "terceiro setor" e que chegou às universidades com ares de novidade na década de 1990.

Minha vivência de quase trinta anos de voluntariado me deu um *sensível olhar* sobre as questões sociais fundamentais. E essa experiência, permeada pelas pesquisas que se faziam necessárias para melhor fundamentar e realizar as tarefas em que eu estava envolvida, formava um conjunto de saber muito especial, que bem poderia ser oferecido ao corpo discente da graduação e, principalmente, da pós-graduação, com o objetivo de auxiliá-los na reflexão desse novo-antigo setor. E assim o fiz.

Vasculhei meus arquivos de todos esses anos de trabalho voluntário e percebi o quanto eram ricos – quantas ações interessantes observadas para burilar um olhar mais sensível. Com esse material vivido e pesquisado, resolvi montar as disciplinas Relações Públicas Comunitárias e Terceiro Setor (graduação) e Fundamentos de Comunicação para o Terceiro Setor (pós-graduação), oferecidas aos alunos a partir do primeiro semestre de 2001, no Departamento de Relações Públicas, Propaganda e Turismo da Escola de Comunicações e Artes da Universidade de São Paulo (ECA-USP).

Como resultado de minha experiência aliada às pesquisas pessoais e às de sala de aula, apresento aqui a primeira coletânea, com duas pesquisas minhas e as de alguns alunos de pós-graduação que prestigiaram minha turma em 2003. Foram convidados pesquisadores capazes de transmitir seu *sensível olhar* sobre o terceiro setor. São múltiplas experiências, diferenciadas, que abrem importantes caminhos de reflexão.

De nosso *sensível olhar* resultam dois trabalhos para esta coletânea. O primeiro, "Fala, cidadão", foi escolhido para publicação em CD-ROM pelo Comitê Organizador do XI Encuentro Latinoamericamo de Facultades de Comunicación Social, ocorrido em outubro de 2003 em San Juan, Porto Rico. A pesquisa fez parte da mesa "Comunicación y democracia" e aborda a comunicação oral no contexto dos projetos do terceiro setor. No segundo trabalho, "O voluntariado", abordo de forma mais pragmática a prestação de serviços sociais voluntários e suas implicações no cotidiano dos envolvidos e das organizações.

Esta obra segue os preceitos do terceiro setor: totalmente voluntária. Todos os envolvidos na publicação com *sensível olhar* doaram seus direitos autorais ao Grupo Socorrista Irmão Alberto.

▸ Leda Yukiko Matayoshi, com formação em Publicidade e Propaganda, mestre e doutora em Ciências da Comunicação, que

Um sensível olhar sobre o terceiro setor

convidei para exercer o voluntariado de professora assistente nas disciplinas mencionadas, participa com dois capítulos. O primeiro, "Universidade, comunidade e terceiro setor: abrindo canais de comunicação", traz considerações sobre a postura da universidade diante desse fenômeno emergente, que avança pouco a pouco, exigindo um posicionamento da academia, a qual passa, então, a discutir mais seriamente esse cenário, bem como seus atores. A relação entre a universidade, o mercado, o governo e o terceiro setor necessitava de canais de comunicação que tratassem com a devida competência dessa inter-relação. O artigo descreve como foram implantadas as disciplinas sobre comunicação e terceiro setor ministradas na ECA-USP. O segundo artigo, de Leda, "Educomunicação: novo campo de atuação profissional e o terceiro setor", trata da inter-relação educação–comunicação e discorre sobre a educação formal e a não formal, levando em conta seus conceitos continuadamente assolapados. Remete-se à difícil decisão de mudar ou não, embora o ritmo da mudança já se faça presente pela adoção das novas tecnologias de comunicação dentro da educação. A educomunicação como espaço de mudança, continuamente revisitada por transformações geradas pelo incessante avanço da tecnologia, cria a necessidade de um multiprofissional capaz de lidar com essas rápidas mudanças planetárias. Ressalta-se a importância do terceiro setor, que, por não estar "amarrado" a estruturas engessadas, trabalha essas mudanças, conseguindo excelentes resultados. Destaca-se, na proposta do texto, a busca do equilíbrio com reflexão sobre a profissionalização do terceiro setor em novos campos de atuação.

▸ Eliana Matayóshi Yamaguti, da área do Direito, procurou-me como aluna ouvinte, em razão do trabalho voluntário que realiza com entidades filantrópicas. Sua preocupação

Histórias de um sensível olhar 15

está voltada para a pouca divulgação da reforma do marco legal do terceiro setor no Brasil, assim como para o significativo crescimento numérico das instituições desse segmento – o que leva a várias complicações jurídicas, com freqüência por falta de orientação. O voluntariado no campo do Direito ainda é insuficiente e a maioria das entidades não sabe lidar com os requisitos instituídos pela lei. Não basta que tenham boas intenções ou projetos que pensem melhorar a situação dos menos favorecidos; é preciso que se enquadrem na qualificação jurídica específica. Eliana não apenas contribui com sua pesquisa, mas também compartilha sua experiência como voluntária no terceiro setor e a visão na área do Direito. Quem sabe os advogados se entusiasmem com o trabalho voluntário.

▸ Mariléa Carvalho de Oliveira Viebig, aluna ouvinte na disciplina Fundamentos de Comunicação para o Terceiro Setor, trata da importância das mensagens visuais e sua estratégia na formação da identidade institucional. Discorre sobre a "Comunicação visual nas organizações do terceiro setor: enxergando com o coração", propiciando uma valiosa contribuição por se tratar de assunto ainda inédito para muitas pessoas. A melhor visualização das entidades ajuda não apenas na divulgação de seus produtos e serviços, mas também no incremento da captação de recursos. O trabalho avalia, ainda, os impactos da implantação da comunicação visual pelo terceiro setor.

▸ Patrícia Guimarães Gil, jornalista, mestre pela ECA-USP, fala com sensibilidade e esperança do *trabalhador da luz* em seu artigo "Voluntariado, uma vontade de pertencimento". Aborda a necessidade participativa e direta do cidadão na reconstrução de um mundo novo, corporificando os melhores ideais voltados à paz planetária. O trabalho caritativo é uma forma de oração que Deus oferece à humanidade inteira. É a tentativa de abrir cada vez mais espaços coletivos envolvendo ações sociais éticas e responsáveis, aprendendo a incluir o outro na jornada da própria vida.

▸ Sérgio Bialski, jornalista e mestre em Ciências da Comunicação na ECA-USP, apresenta suas experiências no campo empresarial ao debruçar-se sobre a "Responsabilidade social empresarial: um brado que ecoa". O autor aborda essa mudança gradual de valores que se percebe crescente nas empresas, agora bastante inclinadas à cooperação social. A nova cultura que se abre cada vez mais à prática da responsabilidade social, e começa a dominar o pensamento do mercado, lança um novo olhar conciliador para a chave do sucesso empresarial.

▸ Silvia Olga Knopfler Santana, aluna da categoria especial na ECA-USP, mestranda no Instituto Metodista, apresenta o artigo "A comunicação e a captação de recursos no terceiro setor", assunto da maior importância, que envolve certa complexidade para o setor, ainda desprovido de voluntários investidos de tal saber – fundamental na árdua tarefa de captar recursos para as entidades. Afinal, não se trata apenas de conseguir uma receita para manutenção da instituição, mas de manter parcerias estáveis, trabalhando no mesmo sentido ideológico do desenvolvimento sustentável. Suas orientações são preciosas, consistentes com a dificuldade financeira que a maioria das entidades enfrenta na contratação de profissionais do mercado.

▸ Sydney Manzione, proveniente da área do Marketing, mestre em Ciências da Comunicação pela ECA-USP, sai em defesa do "Meio ambiente e comunicação", transpondo os recursos do marketing e da comunicação – característicos no segundo setor e, mais recentemente, no primeiro setor – para as necessidades do terceiro setor, que precisa adotar as ferramentas existentes nas ciências da comunicação. Na área ambiental eticamente estruturada, Sydney avalia as dificuldades que essas entidades enfrentam na captação de recursos para promover, divulgar e educar para a conscientização sobre os recursos naturais finitos e o devido respeito que merecem. Seu trabalho reflete a preocupação com a comunidade planetária, que precisa despertar para a importância desse assunto.

Todas essas ações e preocupações que envolvem o terceiro setor são ainda pálidas diante das reais dificuldades e necessidades enfrentadas pelo segmento. O terceiro setor carrega em seu bojo a unificação de todos os povos e nações pelo avanço da solidariedade sem fronteiras, contrariando as perspectivas de poder absoluto e egoísta que muitos governantes destemperados e completamente distanciados da realidade defendem, ainda em causa própria, distorcendo o teor dos votos que lhes foram legados e que não lhes concedem a menor anuência do social local, e muito menos planetário, para tamanho despautério.

Há um *glamour* no terceiro setor que encanta a muitos pelos mais diversos motivos e interesses. Mesmo o primeiro setor, o governo, saiu de suas prerrogativas governamentais tão importantes e imprescindíveis, como saúde, educação e segurança, e resolveu – como em um passe de mágica, ou apenas para ter algo a dizer – fundar uma superorganização não-governamental chamada "Fome Zero". Algo nunca visto, um gigantesco e poderoso terceiro setor dentro do primeiro.

O terceiro setor sofre as mais variadas invasões em nome do lucro ou do poder. Percebe-se, com pesar, cada vez mais grupos de pessoas insensatas criando entidades em benefício próprio, enganando e enganando-se com tal pretensão de empreendimento totalmente destituído do aval divino. O terceiro setor pode auxiliar a abertura de vagas empregatícias, principalmente quando as entidades atuam na área da saúde ou em outra atividade de cunho específico. No entanto, usar o terceiro setor para ganhos próprios, com recursos do mercado ou do governo, é imoral.

O terceiro setor vive do voluntariado e foi gerado em torno da caridade – palavra que procede do latim *caritas*, uma das maiores forças do Universo, abaixo de Deus. Essas infelizes tentativas normalmente duram pouco; afinal, a mentira e o engano não têm mesmo longa duração. O desagradável é que tais mentes desvairadas por dinheiro e poder a qualquer preço comprometem e poluem o trabalho sério empreendido pelos reais voluntários, engenheiros e construtores do mundo novo, que já está em andamento, apesar de tais mentes enfermas. A falta de entendimento de o que é de Deus e o que é da Terra conduz a esses sentimentos mesquinhos e distorcidos, que querem sempre levar vantagens sobre tudo e sobre todos, como se atitudes descabidas de qualquer possibilidade ética pudessem ser bem-sucedidas.

Ainda há muito a aprender e a ensinar. Por isso, não vamos parar nesta primeira coletânea. Outros trabalhos virão como contribuição voluntária no exercício de um sensível olhar sobre o terceiro setor.

Eudosia Acuña Quinteiro

Um sensível olhar

"O olhar do homem é possante, pois leva consigo a alma. Quando esta é habitada por Deus, o olhar do homem é capaz de dar Deus aos homens."

Agora vou cerrar as pálpebras, Senhor,
Pois meus olhos terminaram, esta noite, seu trabalho.
Meu olhar outra vez em minha alma vai entrar,
Após ter passado o dia todo pelo jardim dos homens.
Obrigado, Senhor, por meus olhos, janelas abertas para o alto-mar.
Obrigado pelo olhar que transporta minha alma como o raio generoso conduz a luz e o calor do Teu sol.
Dentro da noite rezo a Ti para que amanhã, quando eu abrir os olhos à luz da manhã clara, Estejam prontos para servir à minha alma e ao seu Deus.

Faze que sejam claros os meus olhos, Senhor,

E que meu olhar, bem reto, desperte uma fonte de pureza.

Faze que não seja nunca um olhar desiludido, descuidado, desabusado, desesperado.

Mas saiba admirar, extasiar-se, contemplar.

Dá-me aos olhos a graça de saberem fechar-se para melhor Te encontrar.

Mas que nunca se afastem do mundo por medo.

Dá-me o olhar da graça de ser bastante profundo para reconhecer Tua presença no mundo.

E faze que jamais meus olhos se fechem à miséria dos homens.

Que meu olhar, Senhor, seja limpo e firme,

Mas saiba enternecer-se,

E que meus olhos sejam capazes de chorar.

Faze que meu olhar não suje o que tocar,

Não perturbe, mas serene,

Não entristeça, mas semeie alegria,

Não seduza para guardar cativo,

Mas que cultive e arraste à superação de si mesmo.

Faze-o desconcentrar o pecador, que reconheça através dele a Tua luz,

Seja porém censura, só para encorajar.

Faze que meu olhar transtorne, por ser um encontro, o encontro de Deus.

Que seja o apelo, o toque de clarim que mobilize toda a gente, cada qual à soleira da porta,

Não por causa de mim, Senhor,

Mas porque vais passar.

Para que meu olhar seja tudo isto, Senhor,

Uma vez mais, Senhor, esta noite,

Eu te dou a minha alma,

Eu te dou o meu corpo,

Eu te dou os meus olhos,

Para que ao olhar os homens, meus irmãos,

Sejas Tu quem os olhe,

E de dentro de mim lhes acene."

Biba, por espíritos diversos, 11 de abril de 1999.

L.E.M.A. – Legião Espiritual e Material de Ajuda. www.lema.not.br.

Fala, cidadão!

Eudosia Acuña Quinteiro

*"Quem não conhece bem a força da palavra
não pode conhecer bem os homens."*

Confúcio

É consenso que o compromisso de todo cidadão responsável pode ser definido como a cooperação no atendimento às necessidades básicas dos menos favorecidos, contribuindo para um mundo melhor.

Nesse universo de pensamento, desperta-se a consciência cidadã para a palavra de ordem "solidariedade". O grande problema deste momento vivencial planetário é saber o sentido exato de tal palavra, ou melhor, o que realmente ela representa para o mundo e com que intenção é usada. A "solidariedade" de que se fala é a que deixa seu praticante em estado de plenitude pacífica com a filosofia que abraça? É a "solidariedade" que efetivamente se realiza em favor de alguém ou trata-se da "solidariedade" oportuna, usada em favor próprio, que ajuda muito a incrementar o marketing pessoal ou, bem pior, é vergonhosamente utilizada para conseguir visibilidade política?

Na opinião de Sequeiros, "um dos valores de que mais necessitamos em nossa sociedade é o da solidariedade, pois vivemos em um mundo com enormes possibilidades, mas com uma cultura dominante não-solidária".[1] Talvez porque ainda se faça ausente uma melhor reflexão sobre o conceito de "solidariedade", torna-se difícil uma visão mais ampliada dessa palavra-ação como elemento modificador dos envolvidos com a "solidariedade" (doador–receptor) e com seu entorno – atuação excessivamente catártica para o emocional de todos.

Por ser uma ação de enorme responsabilidade, nem sempre estamos atentos à dimensão da influência que um ato pretensamente solidário pode acarretar. A falta de uma avaliação cuidadosa pode promover resultados inconvenientes e, muitas vezes, irreversíveis a sua proposta inicial. Na grande maioria dos casos, trata-se de proposta muito digna, sem a menor dúvida honrada; contudo, o excesso de emoção com que o todo dessa ação se realiza pode acarretar dificuldades.

Em muitas cidades do Brasil, entende-se que ser solidário é distribuir sopa aos moradores de rua todas as noites, mas sem a delicadeza de consultar os beneficiários. Tal ação caritativa acontece sem planejamento, sem o menor cuidado de mapear os locais da cidade que já recebem esse benefício e evoluir para uma tarefa complementar de expansão ou, o que seria mais adequado, entrar em contato com os grupos que já realizam essa atividade, para somar, e não para concorrer. Estranho falar em concorrência, mas é isso que ocorre quando as ações caritativas acontecem obedecendo apenas a um simples impulso emocional pessoal ou mesmo de um grupo de pessoas bem-intencionadas.

O resultado de uma ação sem o devido planejamento nem sempre é favorável. Por exemplo, em alguns pontos da cidade de São Paulo, a distribuição noturna de alimentos chega a ser desastrosa, uma vez que os cidadãos de rua, principalmente os do centro, são convidados a tomar até oito pratos de alimento por noite! Muitos deles ficam aborrecidos com tal ingerência autoritária, e com razão: há uma invasão de sua privacidade, seu sono é perturbado sem a menor cerimônia ou consideração a cada impulso solidário extemporâneo de alguém. Desrespeita-se o descanso alheio para "ficar em paz" com a vida ou com sua consciência cidadã. Será esse o meio de alcançar a paz? Será essa a tão decantada "solidariedade"?

Algo bem parecido verifica-se na alfabetização de adultos. A maioria das organizações da sociedade civil que se conceituam como "vocacionadas" cria seu núcleo de alfabetização de adultos. Afinal, além de necessário, o ato é solidário e patriótico! Coopera-se, assim, com a tão falada "inclusão cidadã" e com a diminuição do alto índice de analfabetismo nacional. Os núcleos de alfabetização de adultos seguem os programas oficiais e nivelam o Brasil por uma única "tábula rasa". Todos devem aprender o que o Estado decidiu sobre as políticas educacionais para a nação, embora se pretenda uma educação diferenciada para cada região brasileira.

O Brasil é grande, continental, com peculiaridades regionais e locais bem distintas, o que demanda pedagogias diferenciadas. No entanto, as "cartilhas" nacionais são destinadas a todos. E os métodos populares tendem a seguir o mesmo conceito – ou preconceito? Praticam com alegria e dedicação essa forma sutil de tirania: os beneficiários devem aprender as palavras que alguém decidiu que eles necessitam saber em nome da justiça social e da correção das desigualdades.

Nesse sentido, Perrenoud evidencia:

Os próprios programas escolares traduzem uma vontade política e escolhas culturais. Desse modo, a escola não tem a liberdade de avaliar qualquer coisa; as formas e as normas de excelência escolar supostamente correspondem às finalidades que uma sociedade atribui ao ensino.[2]

A real necessidade do educando é pouco valorizada no consenso local, particular. Trata-se de realizar uma tarefa urgente entendida como solidária, de cidadania. A pergunta que se faz é: realizar como, se o que menos se olha é a figura do beneficiário e suas efetivas necessidades pedagógicas, para que seja possível planejar a estratégia que melhor se coadune com a situação *in loco*?

Segundo Althusser, "a escola, instituição máxima de educação, constitui o aparelho ideológico que doutrina sutilmente de acordo com a ideologia da classe dominante".[3] Assim, a "solidariedade" alardeada em vários núcleos de alfabetização de cidadãos de baixa renda acaba influenciando o discurso dos beneficiários, embaralhando, entre suas necessidades, toda a sua fala.

Seu discurso distintivo de classe é pouco respeitado, recebendo violenta interferência vocabular de alto impacto na realidade de sua comunicação verbal local, que se recheia de novas palavras, totalmente fora de seu uso cotidiano, acrescidas de formas gramaticais nem sempre muito claras; cria-se, assim, duas realidades: a da escola e a da vida. Parece não haver entendimento de que se está realizando uma agressiva intromissão no contexto vivencial sonoro do cidadão que se pretende auxiliar, tendo em vista resolver efetivamente o problema de comunicação desse social.

Alguns movimentos sociais "usam" o espaço de alfabetização ou educação comunitária como "um espaço de circulação de informações, aguçamento da sensibilidade política, luta reivindicatória, socialização de dúvidas, questionamentos, perplexidades, discussões".[4] Tais atitudes, embora de cunho democrático, nem sempre ajudam a educação comunitária de modo real, pois o que mais se percebe é esse "aguçamento da sensibilidade política" de maneira radical e totalmente voltada para interesses políticos partidários e até de cunho eleitoreiro, descartando toda e qualquer intenção da busca de um novo modelo didático que efetivamente reorganize uma natural inclusão social do indivíduo.

Por outro lado, o respeito absoluto ao vocabulário local pode ser um elemento de exclusão da comunicação nacional como um todo. É preciso começar pelo discurso local e tentar remeter o educando ao discurso-padrão nacional, de maneira gradual, para que ele possa avançar na conquista da empregabilidade, haja vista o preconceito existente com relação às falas mais populares, permitindo, assim, que se concretize a cidadania plena e desejada para o país. "Especialmente na era da realidade virtual, constitui perversa forma de exclusão manter as classes populares limitadas à realidade imediata."[5]

Coisas simples do cotidiano são de enorme importância para a vida do educando: ter acesso à leitura para poder tomar uma condução sem pedir auxílio ou entrar em um banco sem o terror de um mundo desconhecido e ameaçador.

Na comunicação escrita, obedecem-se às regras dos programas de alfabetização e os alunos esforçam-se ao máximo para levar a cabo a ação de aprender, sabendo que é importante. No entanto, em regra, eles mantêm seu discurso oral original – considerado "errado" –, ou melhor, conservam-se fiéis à comunicação de seu social natural, não se lembrando do que a escola decidiu para sua vida.

Vivenciam um falar considerado "inculto" na comunicação grupal, em contraste com o escrever "culto" que o professor ensina, exige e avalia. Cria-se um paradoxo: o escrever da escola e o falar da vida cotidiana. Situações bem separadas, uma vez que os métodos de ensino vigentes pouco ou nada valorizam a voz e a fala do educando adulto em sua manifestação espontânea, regional, para poder exercer a mudança do comportamento sonoro necessária para seu real progresso.

26 Um sensível olhar sobre o terceiro setor

"Fala, cidadão!" é uma proposta de discussão em torno da voz e da fala como elementos diretamente ligados ao poder. As consoantes são o grande segredo desse poder de comunicação verbal. Dizer com consoantes é dizer com poder. O poder do povo ocidental pode ser definido pela quantidade de consoantes emitidas ou omitidas em seu processo de comunicação oral. A relação da palavra escrita com a falada ainda sofre defasagem considerável, deixando o alfabetizando adulto com o domínio de uma série de palavras pouco próximas de sua realidade e sem efetiva função em seu cotidiano. Ele continua mantendo, assim, sua comunicação oral de sempre, a que lhe é necessária, pautada pela omissão ou troca das consoantes ou dos grupos consonantais, o que resulta, portanto, em um discurso fraco e de pouco poder.

"É a partir da linguagem que o ser humano poderá ampliar suas noções de tempo e espaço e irá desenvolver sua capacidade de raciocínio abstrato e, conseqüentemente, será capaz de planejar suas ações e avaliá-las depois de realizá-las."[6] A linguagem carrega o sentido da vida do indivíduo e, por meio de códigos pessoais, ele expressa seus sentimentos, interesses materiais e simbólicos. É fundamental ouvir o aluno para reorganizar sua fala de forma consciente, consistente e em conjunto – escola e comunidade –, valorizando de modo próprio o aprendizado da leitura, da escrita, assim como o avanço no saber das normas gramaticais, que deve ocorrer levando em conta sua expressão verbal do cotidiano.

Ao reorganizar os sons próprios da língua pátria, manifesta e aceita no uso diário, criam-se as reais condições de igualdade cidadã – reorganizar um novo ouvir para desencadear um novo falar, realizando a devida transferência de conhecimento. É o saber em profunda transferência, superando-se em constante renovação: o que ele sabe e usa revitalizado pela entrada de novas aquisições. É a essa redescoberta, sua aceitação e incorporação no uso cotidiano que se denomina processo educativo. É esse ato de aprender que pode efetivamente renovar o educando e sua comunidade.

Faz-se necessário criar com o educando certa atenção contínua para as novas formas sonoras adquiridas, resultantes do saber sonoro percebido, apoiado no conhecimento anterior e plenamente aceito por ele e pela comunidade. Essa negociação leva o aprendiz, mesmo sabendo como é que se fala, a não colocar em prática o que já aprendeu, na tentativa de evitar possíveis críticas. Pedagogicamente, torna-se importante angariar ouvidos severos entre os participantes do processo de alfabetização para essa nova etapa, ouvidos desprovidos de qualquer misericórdia, mas de atitude efetiva e necessariamente afetiva, exercendo plenamente a cidadania. Eles podem, quando conscientizados, aprender e melhorar sua *performance* comunicativa oral, aproximando-se do padrão de fala considerado aceitável por seu povo, aquele cheio de preconceitos e dito "culto", que é o responsável direto pela empregabilidade.

O processo educativo pelo qual passa o educando deve dar provas de seu comportamento verbal renovado, "reconstruído" e receber o apoio devido para que tal esforço possa fazê-lo ser reconhecido como cidadão de fala igual, não como cidadão de fala "suportada" ou, o que é mais comum, e diríamos bem pior, cidadão ridicularizado por sua fala incorreta. Como afirma Paulo Freire, "ninguém nasce feito. Vamos nos fazendo aos poucos, na prática social de que tomamos parte".[7] Para os mais "cultos", que se julgam os donos do saber por sua cultura letrada, parece que isso não fica nada claro.

A diferença flagrante de classe é totalmente exposta no ato comunicativo verbal do cotidiano, denunciando imediatamente o social a que pertence cada cidadão. Os erros de fala não são apenas notados, mas agem como elementos de exclusão instantânea quando se pretende assumir qualquer cargo disponível no mercado que requeira um mínimo de comunicação verbal. A empatia sonora negativa torna-se um agente desqualificador para quem busca um espaço profissional.

A entrevista realizada nesses casos é simplesmente fatal para o candidato que conduz mal sua comunicação verbal – ausência do *s* nos plurais e do *r* nas concordâncias verbais, assim como a troca, por exemplo, do *l* pelo *r* e do *d* pelo *n*. A mudança educativa não se manifesta apenas em aprender a ler e escrever; o fundamental e necessário é saber falar o mais próximo possível do código comum do grande social, a fim de poder falar de igual para igual, como qualquer cidadão, completando-se, assim, a ação educativa de inclusão. A aculturação à comunicação dominante prevê uma linguagem de poder, a mais correta possível.

Conforme nossos estudos em comunicação verbal, assumimos como fato insofismável a equação: **voz + fala = poder**. Temos observado que, quando um povo perde qualquer um de seus poderes – político, monetário etc. –, perde ou concomitantemente "mutila" a linguagem verbal. As consoantes são omitidas ou substituídas, dando vazão a uma enxurrada de vogais, geralmente nasaladas e destituídas de qualquer poder. Não é difícil ouvir: "Óia, tô ino" (Olha, estou indo), "Ó u auê aí" (Olha a confusão aí), "Tô falano, amizate" (Estou falando, amizade). Se falar é poder, podemos afirmar que as consoantes são seus pilares mais seguros.

"O poder sonoro do nosso povo deve ser mantido, cuidado com especial carinho da linguagem falada. A 'gracinha' provocada pela destruição da linguagem pode trazer em seu bojo a destruição do poder do povo."[8] A desorganização do grupo consonantal na comunicação oral, diminuindo o poder de credibilidade do cidadão, recebe auxílio e reforço constante dos veículos de comunicação de massa. Ao criarem personagens caricatos, eles endossam a destruição do código sonoro nacional, por sua atuação cênica, alterando de maneira negativa e jocosa a expressão verbal, ridicularizando ostensivamente o modo "errado" de falar da classe menos favorecida,

Fala, cidadão! 29

tornando comum e banal e legitimando o que deveria ser sagrada-
mente correto: **a fala do cidadão**. Tais manifestações "engraça-
das", insistimos, em nada ajudam a melhoria e o crescimento do
povo; fazem tão-somente uma crítica mordaz, desrespeitosa e sem
o menor valor educativo, apenas endossando um fato triste e de alternativas difíceis e contribuindo para tornar cada vez mais utópico
o desejo de inclusão de nosso povo no social que lhe é devido.

Falar errado é mesmo muito engraçado, rir da desgraça alheia
é de fato interessante, e nisso somos todos solidários. Rimos
juntos, promovemos cada vez mais o artista despudorado, que,
para aumentar sua fortuna, desequilibra o código de fala nacional, afundando o educando no obscurantismo da comunicação
e recriando, assim, uma "Idade Média" vergonhosa ao redor de
sua "glória" passageira, mas de vultosa fortuna, ganha à custa do
empobrecimento cultural de sua nação. E isso é o que tem menos
importância para os artistas nada patriotas, preocupados, isso sim,
com seu dinheiro.

A pior espécie de classificação das pessoas é o chamado este-
reótipo. Isto acontece muito especialmente nos meios de comunicação, quando certos sinais são adotados para identificar
pessoas e situações de maneira simplista. É algo muito comum
na televisão.[9]

Como produto dos meios de comunicação de massa, essa es-
tereotipação apresenta notável efeito negativo multiplicador, influenciando a linguagem dos receptores e, por extensão, da comunidade em que vivem. O prejuízo de tal ação sistemática de
deterioração da linguagem é incalculável e perde-se no tempo,
pois traz em seu bojo o enfraquecimento do poder do povo. A
reconquista desse prejuízo pode levar séculos.

Ninguém fala errado porque quer, principalmente em situação de avaliação para o preenchimento de uma colocação empre-

gatícia. Essa postura superior, atitude própria dos tiranos, que se dizem donos do saber, fruto da cultura letrada de que se ufanam, mostra seus pés de barro, de bem pouca valia no auxílio aos que lutam por um mundo melhor para todos.

Nesse sentido, temos observado que, se agirmos positivamente no discurso falado oferecido ao alfabetizando, transmitido pelos veículos de comunicação de massa, poderemos contribuir com melhores opções para o universo sonoro do aluno. Tal atitude reforça os conceitos que recebem e os auxiliam no ato de aprender, propiciando mais facilidade no entendimento da estrutura da língua em uso, uma vez que a tradição oral é muito forte em nosso povo. Ela está sempre aberta para receber as mais diversas contribuições, mesmo que pouco prestimosas para o avanço da comunicação verbal das camadas menos favorecidas.

Prática pedagógica

Faz parte do processo de alfabetização o momento em que os alunos costumam comentar suas novidades, os fatos do dia, do social geral ou de sua comunidade. Essa é boa oportunidade de estudo da fonética das palavras que fazem parte do universo vivencial real de cada estudante e do repertório comum a todo o grupo em processo de alfabetização. Nada mais oportuno para fixar a forma correta da comunicação verbal do que a fala espontânea, emitida pelo educando e imediatamente reorganizada pelo educador.

Essa ação pedagógica é sempre possível e até bem agradável com o auxílio da criatividade: jogos, cantos populares regionais ou religiosos, encenações teatrais, formas cantadas do brinquedo popular ou moda de viola – usando os desafios repentistas, mas sem poder errar as palavras –, jograis com formas ritmicamente marcadas para os grupos consonantais que apresentam maior índice de erro, gincanas para inventar letras de músicas que ajudem a estudar os grupos consonantais e os vocálicos ou vencer as dificuldades específicas observadas no grupo. Outro recurso comunicativo é motivar os alunos a realizar entrevistas para um programa de rádio imaginário ou mesmo montar uma rádio comunitária, com o objetivo magno de treinar o ato de falar corretamente, reorganizando, assim, o universo sonoro da comunidade, ajudando-a, gradualmente, na recuperação das consoantes e de seus grupos, sempre tão problemáticos.

O importante é que tudo pareça um brinquedo divertido e naturalmente criativo, sem um compromisso excessivamente formal. Para isso, o educador possui o conhecimento de um número infinito de recursos pedagógicos, já disponíveis na área da alfabetização de adultos, que servem como instrumentos de manutenção da nova ordem comunicativa: falar cada vez melhor.

Os programas de alfabetização de adultos necessitam preparar-se com mais atenção para enfrentar a pedagogia da fala ou para libertar o diálogo que os oprimidos naturalmente mantêm com as diferentes classes com as quais atuam verbalmente. Paulo Freire afirma: "O diálogo entre os oprimidos para superação de sua condição de oprimido".[10]

O educador deve entender que o educando precisa não só aprender e decorar a tabuada como elemento vivencial, mas também ser preparado com igual ênfase para adentrar o código de fala do poder, que comanda e decide e que é fundamental para seu avanço profissional, assumindo até a categoria de urgentíssima importância para o êxito da inclusão social que se pretende conseguir.

Reorganizar o código sonoro não faz parte apenas da inclusão do oprimido; é algo bem mais complexo. Reorganizar a fala, a linguagem é também reorganizar a auto-imagem de um indivíduo, reconstruir um novo contato com o mundo. A imagem que temos sobre nós mesmos sofre uma revisão pelo processo educativo. Tal acontecimento pode gerar, inicialmente, alguma insegurança: ouvir-se falando de modo diferente do habitual. Aceitar essa nova forma de comunicação verbal como pessoal é um ato de coragem que precisa ser orientado e incentivado.

Essa nova atitude sonora provoca a auto-estima do aluno; falar melhor ou diferente do referencial social próximo e tão conhecido, ao mesmo tempo que é instigante, pode despertar desconfianças no educando. Afinal, isso é bom ou é ruim? O que os outros, as pessoas mais próximas, os vizinhos, os colegas de trabalho vão pensar ou dizer? Mudar é bom? Haverá rejeição? Gozação? Como proceder? Que orientação seguir? A atitude positiva do educador nesse momento é fundamental para o êxito da mudança que se pretende.

Não se trata tão-somente de um ato de aprender, e sim de um assunto bem mais profundo, importante mesmo, pois envolve reorganizar uma vida inteira, aceitar como seu um novo som, uma postura de falante nunca pensada, provocando rupturas no conhecido e principalmente no estabelecido. Isso requer atenção do educador para uma maneira diferenciada de encarar a alfabetização, em especial a dos adultos. Trata-se de vencer o tempo de sedimentação de um hábito cultural de comunicação de fala grupal que não é aceito pelo social dominante. Renascer talvez seja a melhor imagem. "A fala é parte da cultura. Desenvolvemos uma espécie de língua de acordo com nossa cultura, nossas crenças, incluindo, obviamente, os objetos que nos são familiares."[11]

Reorganizar a fala é uma função social comunicativa importante, e tal tarefa merece cuidados muito específicos na reconstrução do novo cidadão, sujeito de sua história, para que possa receber essa oportunidade renovadora por meio de uma ação devidamente planejada pela entidade educadora. Cabe a esta promover a reflexão e a integração gradativa de aceitação da nova maneira de falar pelo educando e principalmente pela sociedade em que ele se insere.

Fala, cidadão!

A nova formação humana do aluno necessita de um compromisso da instituição escolar como um todo, começando por um planejamento pedagógico amplo, destacando a inclusão da comunidade atendida nessa mudança. Tal processo de reconceituação pode contar com ações comunicativas eficazes dentro da comunidade, como palestras motivacionais, anúncios em periódicos, rádios e demais veículos de comunicação de massa locais, disponíveis em uma parceria de cooperação, antecipando e fortalecendo essa nova cultura do "falar melhor". Nesse momento, mudar a visão que temos do mundo, ou melhor, lançar um novo olhar, mais consciente, ao que sempre vimos sem prestar muita atenção é, sem dúvida, a excelência do ato de aprender e de ensinar.

O programa comunicativo deve ser bem estruturado, com os devidos objetivos e esclarecimentos voltados para a visão de amplas vantagens que envolvam a proposta educativa para toda a comunidade. A comunicação boca a boca requer estruturação muito especial. Ela tem credibilidade local. O lançamento do programa de alfabetização de adultos com a participação dos líderes comunitários e das autoridades constituídas o reveste de legitimidade e de grande importância. A adesão de todos ao programa é a palavra de ordem.

Os comentários da comunidade e dos meios de comunicação de massa fortalecem a proposta, que deve ser apresentada à comunidade em ato solene. A comunicação é o salvo-conduto para o sucesso. O adulto alfabetizando-se é um fato importante. É o programa da escola, fora de seus muros, não apenas envolvendo toda a comunidade, mas fazendo-a consciente e conivente além dela. Educar é um projeto ousado, amplo, que abrange o todo.

Essa tarefa é um formidável desafio para os professores alfabetizadores de adultos, que terão de sair da rotina e investigar bem todas as vertentes da pesquisa participativa entre a escola e a comunidade, ou seja, ultrapassar os muros escolares, assegurando-se de como estabelecer vínculos reais e de credibilidade com a comunidade, a fim de fomentar com eficiência a referência de novos hábitos comunicativos.

"Saber ler ameaça, pelo seu potencial transformador, capaz de provocar rupturas no estabelecido."[12] Podemos imaginar o potencial transformador do saber falar, as ameaças e as rupturas que podem ocorrer no processo de inclusão do cidadão, antes nem sequer ouvido.

O texto da professora Edwiges Zaccur, "Fala português, professora", mostra bem a confusão estabelecida na comunicação verbal local com a entrada do ensino sistematizado da língua portuguesa, envolvendo em especial a vida do aprendiz adulto, que passa a lidar com os novos moldes da língua escrita.

Imaginemos, pois, o poder de desarticulação dessa interferência sonora não prevista, às vezes incompreendida, na competência usual da fala integrativa de uma comunidade, que sempre acreditou na força comunicativa de seu jeito usual de falar, sem perceber o quanto esse jeito de falar é discriminado pelos que se julgam seus superiores, apenas porque têm o poder de lhe conceder uma oportunidade empregatícia.

Como trabalhar essa inclusão? Como preparar a melhoria do entorno sonoro de um grupo de alfabetizandos adultos? Como reeducar o sentido da audição, tão cristalizado em ouvir o constante desarranjo das palavras? Como aprender um novo ouvir revigorado por novos sons característicos de uma fala pouco reconhecida por seu grupo local, mas que resgata sua cidadania? Como acreditar em tal discurso, repleto de novas palavras sonoras?

Essa invasão de sons tão estranhos e desconhecidos não soará falsa, esquisita? Será mesmo verdade que se pode falar assim tão diferente do que sempre se falou? Como ficam os gestos, trejeitos histriônicos tão confortáveis, de código conhecido? E a curva sonora tão familiar? E o que dizer desse outro jeito de falar? Essa nova maneira de falar que a escola propõe deixa os gestos falsos, cheios de tons e cadências desconhecidos que soam muito artificiais. E agora, o que fazer com as mãos? Elas não combinam mais com o novo jeito de falar.

Concordamos com Reyzábal, quando diz:

> Comunicação oral [...] é a principal sustentadora e dinamizadora da integração social. [...] Entendemos a educação como um processo dinâmico no qual a interação verbal é fundamental, propomos uma metodologia rigorosa de trabalho de comunicação oral na sala de aula.[13]

O código oral, com seu universo de palavras sonoras bem organizadas, legitima o emissor em sua ação comunicativa profissional, a mediação verbal do cidadão, beneficiando de maneira ampla sua qualidade de vida. A fala correta é cada vez mais um instrumento de avanço social, empregatício e de liderança, não podendo de modo algum ser ignorada pelo processo educacional. A omissão para com os processos do correto falar propicia cortes nos processos de seleção, comprometendo um plano de carreira, muitas vezes, nem sequer pensado. Os candidatos ao mercado de trabalho que se comunicam de forma ruidosa são os primeiros segregados, principalmente quando o emprego pretendido requer comunicação verbal.

Percebe-se que esse processo de mudanças no discurso do candidato à inclusão social como um todo apresenta um ponto sensível e estrutural, na medida em que a preparação do profissional de educação encarregado de promover tal mudança ignora esse procedimento. Na grade curricular do magistério não consta o estudo técnico da voz e da fala, tampouco o da mídia sonora. Com tal ausência, o professor desconhece a possibilidade de uso desse recurso pedagógico tão favorável ao estudante.

"Falar é poder", poder que nem sempre se permite ao alfabetizando, por absoluta falta de instrumentalização do profissional da educação. A devida avaliação desse elemento de poder, assim como a crítica ou a reflexão sobre seu uso, no intuito de promover o avanço do poder da comunicação verbal do educando, não é levada em conta. Trata-se de algo desconhecido e, portanto, não pensado, não vivenciado.

O estudo da mídia sonora é totalmente ignorado no processo da alfabetização, o que é lamentável. O professor que desconhece o poder da mídia sonora comete um grave equívoco no ensino da leitura em voz alta, levando o aprendiz a receber instruções incorretas e incompatíveis com o canal de comunicação oral, tais como "Pare na vírgula!", "Respire no ponto!" – ordens totalmente absurdas para a comunicação oral.

O falante faz as paradas ao longo de seu discurso, da maneira mais confortável ou natural possível, ou seja, onde bem entender. A rigor, não existem regras de paradas aqui ou acolá durante o ato da fala, pois o falante tem a seu dispor as pausas ou as paradas respiratórias livres, segundo seu potencial respiratório específico. Não há como igualar paradas respiratórias em indivíduos diferentes.

O ar, naturalmente inspirado, será distribuído pelas palavras sonoras a serem emitidas. No entanto, não existe um número de palavras a serem ditas que possa ser considerado ideal durante a expiração (saída do ar dos pulmões). Cada indivíduo é único, podendo usar a quantidade de ar que lhe é pertinente, natural a seu organismo, no momento da fala. Quando o ar acaba, toma-se outra inspiração, de maneira natural, e continua-se o ato da fala, com vírgula ou sem ela, com ponto ou sem ele, pois não é isso que importa. Vírgulas, pontos e demais sinais de pontuação pertencem à mídia impressa, na qual são imprescindíveis.

Além da respiração, o falante conta ainda com os gestos, a mímica e o temperamento que lhe são peculiares, por meio dos quais passa a emoção de seu discurso. Logo, uma vez que o canal da mídia impressa não é igual ao da mídia sonora, não há como parar na vírgula ou no ponto; a respiração é que vai decidir. Ao insistir nas paradas de pontuação, acaba-se por mostrar categoricamente aos alunos que olhos e ouvidos são a mesma coisa e que têm a mesma função, do que se pode deduzir, portanto, que o som é igual à luz – afirmativa perigosa, com a qual a anatomia, a fisiologia e a física não concordam.

Ler e falar obedecem a canais de comunicação muito diferentes, o que não é levado em conta na formação do professor alfabetizador, que lamentavelmente comete e perpetua graves erros.

"Fala, cidadão" é uma proposta de discussão em torno da voz e da fala como elementos de inclusão social e cidadania, uma vez que estão diretamente ligadas ao poder. Não se trata apenas de recuperar os *r* e os *s*. O que se pretende é algo bem além da solidariedade; é dar nova vida à vida já existente, é legitimar a cidadania.

A oportunidade de falar, e falar bem, é a competência para a inclusão, sem pieguices, sem a impiedosa tolerância que passa a mão pela cabeça do menos favorecido, colaborando com um perdão indecente e inoportuno, que apenas ajuda a cavar mais fundo o fosso da desigualdade social, tornando-o cada vez maior e mais consolidado.

> Reservar ao aluno das classes populares apenas o uso da linguagem que lhe é familiar em nome do respeito à sua cultura, desprezar a necessidade do domínio de outras formas de comunicação, além das já utilizadas na vida cotidiana, significa a negação do direito ao conhecimento em todas as suas formas de expressão.[14]

Reorganizar a comunicação verbal dos alunos adultos é interferir no processo verbal de seus filhos. Promover a inclusão dos pais facilita a inclusão dos filhos – e a inclusão de todos.

38 Um sensível olhar sobre o terceiro setor

Cabe aos grupos de solidariedade tomar a frente no mister da fala correta, uma vez que os processos governamentais são por natureza excessivamente lentos em suas tomadas de decisão. A associação civil sem fins lucrativos pode realizar essa atividade solidária de modo alternativo, visando à inclusão social do menos favorecido de maneira mais rápida e efetiva. "Fala, cidadão, fala para que todos te respeitem."

Notas

1. Leandro Sequeiros, *Educar para a solidariedade: projeto didático para uma nova cultura de relações entre os povos*, p. 10.

2. Philippe Perrenoud, *Pedagogia diferenciada: das intenções à ação*, p. 20.

3. Louis Althusser, *Ideologias e aparelhos ideológicos do Estado*, p. 68.

4. Jair Militão da Silva (org.), *Educação comunitária: estudos e propostas*, p. 50.

5. Aparecida de Fátima Tiradentes dos Santos, *Desigualdade social & dualidade escolar*, p. 85.

6. Érika Maria Parlato e Lauro Frederico Barbosa da Silveira, *O sujeito entre a língua e a linguagem*, p. 17.

7. Paulo Freire, *Política e educação: ensaios*, p. 79.

8. Eudosia Acuña Quinteiro, *O poder da voz e da fala no telemarketing: treinamento vocal para teleoperadores*, p. 49.

9. Richard Dimbleby e Graeme Burton, *Mais do que palavras: uma introdução à teoria da comunicação*, p. 91.

10. Paulo Freire, *Educação e mudança*, p. 13.

11. Richard Dimbleby e Graeme Burton, *op. cit.*, p. 65.

12. Regina Leite Garcia (org.), *Alfabetização dos alunos das classes populares: ainda um desafio*, p. 29.

13. Victoria Maria Reyzábal, *A comunicação oral e sua didática*, p. 30.

14. Aparecida de Fátima Tiradentes dos Santos, *op. cit.*, p. 85.

Referências bibliográficas

ALTHUSSER, Louis. *Ideologias e aparelhos ideológicos do Estado*. Rio de Janeiro: Graal, 1976.

DIMBLEBY, Richard; BURTON, Graeme. *Mais do que palavras: uma introdução à teoria da comunicação*. São Paulo: Summus, 1990.

FREIRE, Paulo. *A importância do ato de ler: em três artigos que se completam*. São Paulo: Cortez, 1985.

_____. *Educação e mudança*. Rio de Janeiro: Paz e Terra, 1979.

_____. *Política e educação: ensaios*. São Paulo: Cortez, 2001.

GARCIA, Regina Leite (org.). *Alfabetização dos alunos das classes populares: ainda um desafio*. São Paulo: Cortez, 2001.

PARLATO, Érika Maria; SILVEIRA, Lauro Frederico Barbosa da. *O sujeito entre a língua e a linguagem*. São Paulo: Lovise, 1997.

PERRENOUD, Philippe. *Pedagogia diferenciada: das intenções à ação*. Porto Alegre: Artes Médicas Sul, 2000.

QUINTEIRO, Eudosia Acuña. *O poder da voz e da fala no telemarketing: treinamento vocal para teleoperadores*. São Paulo: Summus, 1995.

REYZÁBAL, Victoria Maria. *A comunicação oral e sua didática*. Bauru: Edusc, 1999.

SANTOS, Aparecida de Fátima Tiradentes dos. *Desigualdade social & dualidade escolar*. Petrópolis: Vozes, 2000.

SEQUEIROS, Leandro. *Educar para a solidariedade: projeto didático para uma nova cultura de relações entre os povos*. Porto Alegre: Artes Médicas Sul, 2000.

SILVA, Jair Militão da (org.). *Educação comunitária: estudos e propostas*. São Paulo: Senac, 1996.

Universidade, comunidade e terceiro setor: abrindo canais de comunicação

Leda Yukiko Matayoshi

Introdução

A partir da década de 1990, quando se começou a falar mais intensamente em terceiro setor no Brasil, várias foram as áreas de estudos que se voltaram para esse "velho novo"[1] segmento, não só como fenômeno a ser analisado de várias perspectivas – sociológica, antropológica, filosófica, dentre outras –, mas principalmente porque chegara o momento de discutir o conceito de profissionalização no setor, entender o contexto de migração de profissionais que optavam por ele como voluntários ou em busca de emprego. Diante disso, as universidades passaram a ter importante papel: discutir seriamente a adequação

Universidade, comunidade e terceiro setor: abrindo... 41

dos conceitos do mercado empresarial que vieram a permear as atividades do terceiro setor em virtude das parcerias que começaram a ser estabelecidas com organizações da sociedade civil.

No início dos estudos em âmbito acadêmico, havia um direcionamento para as questões em torno da gestão e do marketing das organizações sem fins lucrativos, incluindo no eixo da discussão aspectos vinculados à legislação. Os primeiros núcleos de estudos surgiram em meados dos anos 1990 nas escolas mais voltadas para esses focos: o Centro de Estudos do Terceiro Setor (Cets), da Fundação Getúlio Vargas de São Paulo (FGV-SP), o Centro de Estudos em Administração do Terceiro Setor (Ceats), da Faculdade de Economia, Administração e Contabilidade da Universidade de São Paulo (FEA/USP) e o Núcleo de Estudos Avançados do Terceiro Setor (Neats), dentre os mais conhecidos.[2] A comunicação ainda era abordada como apenas um aspecto do marketing para as entidades privadas de interesse público.

Interessante notar que nem mesmo as organizações do terceiro setor estão conscientes de seu papel fundamental como mediadoras de uma relação de comunicação. Algumas têm conhecimento ou noção da importância da comunicação por realizarem, de maneira intuitiva, algumas ações comunicativas, como projetos de captação de recursos, panfletos, cartazes internos, mensagens eletrônicas, dentre outras formas de divulgar suas atividades, de convidar para eventos e de propor parcerias. Contudo, o mais importante, tanto para o segmento como para os parceiros, é saber que o terceiro setor funciona fundamentalmente como um canal de comunicação entre atores sociais interessados em qualidade socioambiental. Quando uma entidade dá cestas básicas a seus beneficiários, na realidade está somente repassando ou mediando o que um parceiro ou apoiador cedeu aos destinatários seja em cestas, seja em moeda para aquisição delas. Quando os beneficiários recebem serviços sociais por meio de

42 Um sensível olhar sobre o terceiro setor

projetos socioeducativos, por exemplo, a entidade continua em seu papel de mediadora do trabalho voluntário ou remunerado com o auxílio de outras fontes de recursos. Essas e outras formas de cuidar tanto do social menos favorecido como dos problemas ambientais em agravamento são frutos de articulações entre iniciativas distintas que se unem e precisam de um interlocutor que atue na dinâmica de uma rede específica. E as organizações do terceiro setor assumiram, mesmo que inconscientemente, o papel de servir de canal de diálogo entre as partes interessadas na busca de soluções para as graves questões socioambientais.

Em virtude de seu importante papel de disseminadoras de informações mediante campanhas educativas, de orientação cívica, moral e religiosa, de projetos de capacitação de mão-de-obra, de ações de captação de recursos, dentre outras atividades, elas são legitimadas como um potente meio de comunicação entre todos os envolvidos na rede – um poder oriundo da capacidade de transitar entre diversos discursos, dos mais variados níveis, movidos pela paixão de atender os excluídos da sociedade. Esse trânsito impulsivo expressa o perfil de um segmento bastante específico em sua forma de comunicar.

O mercado, em outra vertente, foi definindo critérios para se comunicar com o terceiro setor de acordo com regras específicas para apresentação dos projetos sociais em busca de parcerias. Um ruído considerável na comunicação desses interlocutores refere-se sobretudo à diferença nas culturas do pensar e do fazer: de um lado, o terceiro setor, eminentemente tangido pela emoção, pelo sentimento de solidariedade e menos habituado às estruturas empresariais de gestão e de comunicação; de outro, o segundo setor, com suas regras necessariamente ditadas pela razão. É uma distância que vem sendo vencida, aos poucos, com o auxílio de mediadores – consultores, cursos, eventos temáticos, mídia em geral – que estão abrindo caminhos para um diálo-

Universidade, comunidade e terceiro setor: abrindo... 43

go mais efetivo entre esses dois segmentos interdependentes na consecução de seus objetivos sociais. Não se pode esquecer do setor governamental, com sua estrutura burocrática, pautada por uma comunicação nem sempre de mão dupla e em geral estigmatizada como morosa, cifrada, não dialógica. Acreditando na possibilidade de instauração de diálogos francos e abertos também para tratar das causas sociais, e consciente do papel da universidade na formação cidadã dos futuros profissionais, a professora doutora Eudosia Acuña Quinteiro, organizadora desta coletânea, implantou na Escola de Comunicações e Artes da Universidade de São Paulo (ECA-USP), em 2002, duas disciplinas voltadas para o assunto comunicação e terceiro setor, uma para os alunos da graduação em Relações Públicas e outra no programa de pós-graduação. Já se fazia urgente abrir espaço na universidade para esses assuntos. Como destaca Adrián Fernández:

> A importância do impacto da revolução tecnológica nas práticas comunicacionais e o peso destas na complexidade da dinâmica política e cultural nos levam à visão de que uma das categorias centrais para poder investigar a sociedade neste tempo é a comunicação.[3]

E, para registrar as reflexões de alguns alunos de pós-graduação sobre os assuntos abordados nas aulas e nas pesquisas extraclasse, organizou-se a presente coletânea, em que nós, no papel de assistentes da professora, resolvemos escrever sobre as questões teóricas e práticas que envolveram a implantação das disciplinas. Entendemos ser importante mostrar alguns resultados altamente positivos do ponto de vista da transformação de muitos dos envolvidos nesse fato histórico.

Foi singular a oportunidade que tivemos de vivenciar a criação de canais para um diálogo polifônico, de muitos sons diferentes, rico pela diversidade de pensamentos e de linguagem

44 Um sensível olhar sobre o terceiro setor

comunicativa. Sendo a comunicação e o terceiro setor o foco da conversa, representantes da sociedade civil, de organizações não-governamentais (ONGs), da iniciativa privada e do governo tiveram a oportunidade de um diálogo franco e descontraído em ambiente acadêmico, em uma das maiores universidades da América Latina. Sem ranços ou cobranças e com um agradável intercâmbio de idéias, tendo em vista a geração de propostas inovadoras para uma sociedade mais humanizada, podemos afirmar que a empreitada foi um sucesso, levando em conta determinados resultados referentes à mudança positiva de atitudes e de comportamento de alguns participantes do processo. É o que relataremos a seguir de forma não muito acadêmica, para manter o clima de diálogos mais abertos e mais fluidos, como de fato ocorreram.

Por que criar canais de comunicação?

Conforme já observado, a partir dos anos 1990, um dos assuntos que se tornaram destaque no Brasil foi o terceiro setor. Caracterizado como um conjunto de iniciativas privadas, sem finalidades de lucro e direcionadas para o bem-estar público, sua composição abriga organizações da sociedade civil que praticam atividades assistenciais e beneficentes, bem como grupos comunitários, movimentos sociais, entidades voltadas para filantropia empresarial, ONGs, dentre outras entidades não motivadas pelo lucro financeiro. Para os pesquisadores da Fundação Getúlio Vargas de São Paulo, Mário Aquino Alves e Luiz Carlos Merege[4], o terceiro setor ganhou força no Brasil em decorrência das crises nacionais nas décadas de 1970 e 1980 e de um governo – ou primeiro setor – que não conseguiu evitar uma administração geradora de desigualdades e de exclusão social de muitos cidadãos. De outro lado, as empresas privadas, ou segundo setor, não eram incentivadas a apoiar ações em favor de uma sociedade mais equilibrada,

Universidade, comunidade e terceiro setor: abrindo... 45

que não fosse vista apenas como mercado consumidor e gerador de lucros. Somente nos anos 1990, embora já com antiguidade histórica, as associações da sociedade civil e as ONGs passaram a ser conhecidas no Brasil como terceiro setor e consideradas um campo de estudos e de atuação profissional.

Os primeiros estudiosos e especialistas voltaram-se principalmente para a área da administração, com destaque para o marketing direcionado à captação de recursos para garantir a sobrevivência das entidades. Nesse sentido, grande parte das discussões sobre o terceiro setor nos cursos das universidades passou a girar em torno da busca de uma compreensão da gestão mais efetiva para uma organização sem fins lucrativos. Poucos ainda eram os questionamentos a respeito das ações, por exemplo, de comunicação, da educação não formal, dentre outros temas igualmente importantes quando se trata do exercício da cidadania – foco das organizações da sociedade civil em torno dos excluídos da sociedade.

Felizmente, o assunto terceiro setor foi se tornando importante não só pelo agravamento das crises sociais, mas também pela busca de profissionalização das próprias entidades preocupadas com uma gestão mais eficaz de seus recursos e de seu voluntariado – marca registrada do segmento –, o que foi gerando um campo de estudos nas universidades. A partir de meados dos anos 1990, algumas escolas superiores optaram por instalar cursos de especialização em gestão de organizações sem fins lucrativos; outras passaram a incluir disciplinas em programas de pós-graduação em administração e, como vimos, fundaram-se núcleos de estudos sobre o setor. Estava surgindo um novo campo de atuação profissional.

> A cada dia, mais executivos talentosos estão trocando empregos seguros por entidades sem fins lucrativos. Uma revolução silenciosa está acontecendo no mercado brasileiro. [...] O terceiro setor, no Brasil, está se estruturando agora, e já começa a mexer

46 Um sensível olhar sobre o terceiro setor

com o mercado profissional. Não se trata mais de simples voluntariado – há boas e concretas oportunidades de emprego surgindo nessas organizações.[5]

Somente na década seguinte disciplinas acadêmicas mais específicas voltaram-se para uma abordagem multidisciplinar do terceiro setor como ocorreu na área da comunicação. Parecia estar tudo a contento: a universidade estava aberta para estudar e dialogar com o segmento. Contudo, as pesquisas iniciais baseavam-se em bibliografia importada, traduzindo realidades estrangeiras, portanto com outros perfis de ação. Não havia produção acadêmica nacional diretamente ligada ao assunto, mas apenas derivada das áreas da psicologia social, da sociologia, da antropologia, dentre outras. Em geral, os estudos importados travestiam o terceiro setor nacional, que se apresentava um pouco estranho, sem os trajes coloridos, criativos e peculiares a um povo formado por tantas etnias e com tantas maneiras diferentes de pensar e resolver questões. E quem disse que esse terceiro setor estava nas universidades?

Observando esse contexto de vazios e baseando-se em sua militância de trinta anos no terceiro setor, a professora Eudosia Quinteiro propôs a implantação de disciplinas que promovessem diálogos entre diferentes segmentos e que tratassem de assuntos voltados para a comunicação e o terceiro setor. Vale destacar que o convite não priorizava o porte nem a imagem das organizações e seus representantes, e sim sua ação efetiva para uma sociedade mais justa e igualitária. Para a docente, a universidade não deveria se ater ao papel de produtora de conhecimento direcionado às necessidades do mercado, tanto em recursos tecnológicos como humanos, mas também ser âmbito para diálogos abertos, para intercâmbios e para ações em parcerias. Aqui, vale a pena citar o ponto de vista do professor Miguel Arroyo, apresentado em um seminário que abordava o papel da universidade e a formação do cidadão. Na ocasião, o estudioso lembrou que só na década de 1980 passou-se a vincular educação à cidadania.

A escola, quando se fecha, apodrece, toda água retida começa a feder, a apodrecer. Só quando a água está em movimento, quando está viva, quando a escola está viva, quando está aberta, ela se revitaliza. Foi um tempo de abrir a escola, foi um tempo de sintonia da escola com os movimentos sociais, com os movimentos pela cidadania, aí começamos a falar na formação do cidadão porque nós, educadores, tínhamos tomado consciência de sermos cidadãos e porque a sociedade falava em cidadania, nos falava em direitos, e não só em preparar mão-de-obra eficiente para o mercado de trabalho.[6]

Ou seja, a sobrevivência da universidade depende da observação ativa dos fenômenos que ocorrem na sociedade e que geram pesquisas voltadas para a busca de soluções. Informar e formar os cidadãos da perspectiva dos múltiplos aspectos que envolvem tais fenômenos é a responsabilidade social da academia. Com seu papel legitimado de organizadora crítica das informações sobre os aspectos fenomênicos da sociedade, ela é, por excelência, uma intérprete para promover reflexões visando a uma conscientização participante da comunidade.

Interessante destacar que a discussão sobre o papel da universidade na formação cidadã tem ultrapassado as fronteiras intramuros dos *campi,* talvez até por necessidade de distanciamento crítico pró-reflexão. Assim ocorreu na 63ª edição do Fórum Permanente do Terceiro Setor, realizado pelo Serviço Nacional do Comércio (Senac) de São Paulo na capital paulista, cujo tema foi: "A dimensão educacional do processo de desenvolvimento social". Na opinião dos palestrantes convidados, as universidades ainda estão distantes da realidade das comunidades, não promovem muitos intercâmbios efetivos e acabam não tendo grande participação no desenvolvimento local. Concluem os participantes do evento que as estruturas rígidas das universidades públicas e a visão mercantilista das faculdades particulares são elementos que influenciam esse distanciamento.

É fundamental que a passagem das pessoas pela academia tanto no nível de graduação como no de pós-graduação seja contemplada pelo testemunho de distintas visões sobre a formação cidadã. O respeito pela diversidade é que permite conceber um mundo com vários canais de comunicação sempre abertos, democráticos e, portanto, propiciadores de uma convivência pacífica e humanizada. Ao mesmo tempo, os canais abertos podem promover o respeito entre os diferentes, pois fazem circular as informações sobre uns e outros. E o ambiente acadêmico parece ser o ideal para abrir espaço de discussões, uma vez que o saber não deve ter fronteiras nem preconceitos.

Na opinião da professora doutora Margarita Roman y Caballero,

> o caminho percorrido pelas organizações da sociedade civil revela uma grande riqueza em experiências práticas, com ensaios de metodologia para a aprendizagem, que exigem um estudo sistemático e de novas valorizações.[7]

O projeto mencionado por Caballero buscou uma metodologia que pudesse unir, de forma harmônica, as experiências acadêmicas com as das organizações civis, conforme ela destaca:

> Trata-se, primeiro, de sensibilizar os estudantes quanto às necessidades civis através do contato direto; em segundo lugar, que estes aprendam os ensinamentos práticos das mesmas organizações civis pela observação e investigação participativa, e terceiro, que realizem um diagnóstico e análise crítica da inserção das organizações civis no desenvolvimento e na possibilidade de sua participação no

Universidade, comunidade e terceiro setor: abrindo... 49

planejamento e execução das políticas públicas do governo. Este exercício de aprendizagem mútua trata de enfatizar as causas que originam os problemas da desigualdade e injustiça social que levaram os grupos marginalizados à situação em que se encontram; bem como a grande necessidade de que o trabalho das organizações civis realize-se para dar respostas a uma melhor qualidade de vida, promovida pelos mesmos participantes-beneficiados, através de um processo que construa e enriqueça seu próprio tecido e coesão social, e não que surja através de uma relação paternalista e de patronato entre beneficiários e beneficiados.

A pesquisadora ressalta também que a proposta não é apenas a profissionalização do terceiro setor ou o repasse tecnológico para uma gestão efetiva, mas principalmente uma interação humana entre universitários, organizações da sociedade civil e demais pessoas envolvidas no processo.

Portanto, a fim de incentivar um diálogo universidade–comunidade mais abrangente, as disciplinas realmente abriram canais de comunicação para o compartilhamento das experiências dos vários segmentos vinculados, de alguma maneira, ao terceiro setor. Na graduação, tomaram parte nessa iniciativa pioneira na ECA-USP a docente responsável, assistentes, convidados palestrantes e alunos regularmente matriculados, e, na pós-graduação, os alunos regulares, os da categoria especial e vários ouvintes, por se tratar de uma escola pública, portanto de direito dos cidadãos, e conforme o regimento interno do departamento.

No decorrer das disciplinas, cada público, se dessa forma pudermos categorizar cada representação, reagiu de maneira muito particular, com resultados bastante positivos na interação em sala de aula e fora dela. O tom da conversa que permearia o semestre das disciplinas tanto na graduação como na pós era um só: contribuir para a consolidação de um campo teórico em comunicação, legitimado não só pelo olhar acadêmico, como também pelas experiências práticas dos que fazem o cotidiano do terceiro setor brasileiro – não imaginar o que seja ou possa vir a ser, mas vivenciar, ou pelo menos estar em contato direto com quem vive o segmento e estabelecer os devidos canais de comunicação: diversos, multifacetados e complementares.

Os discentes da graduação, como "cidadãos perplexos", devidamente orientados, buscaram contato presencial com organizações do terceiro setor atendendo ao requisito básico da disciplina: estar junto do fenômeno para entendê-lo melhor.

Desenvolver as dimensões cognitivas do ser humano é formar a capacidade de pensar, a capacidade de duvidar, a capacidade de interrogar. Para isso, a escola, em vez de dar respostas, deveria incentivar perguntas. A escola dá muitas respostas, a escola já sugere respostas para os alunos.[8]

Como em qualquer contexto que reúne a diversidade, as reações se distinguiram claramente. Vários alunos se empolgaram e estão na empreitada voluntária até hoje, afirmando que comungaram com a proposta de fazer sua parte para o todo ficar melhor. Alguns não compreenderam a proposta e outros apenas "fizeram a lição de casa" e encerraram sua participação nas organizações juntamente com o término da disciplina. Pelo menos poderão mencionar um voluntariado no currículo, o que, para eles, já é um diferencial para disputar vagas nas empresas socialmente responsáveis.

Já os alunos da pós-graduação, independentemente de sua categoria departamental – regular, especial ou ouvinte –, assim como costuma ocorrer no terceiro setor, apoiaram-se mutuamente em um trabalho efetivo nas organizações escolhidas para estudos e contribuição acadêmica. Destaque-se que a união fraterna permitiu que se levasse a efeito um evento acadêmico para encerramento do semestre. Todos os discentes nos dois níveis foram alertados da importância de contribuir para as entidades e não de retirar informações delas e desaparecer sem prestar contas dos resultados, fossem eles quais fossem. Alguns alunos continuam vinculados às organizações da sociedade civil, seguindo os impulsos que também regem o terceiro setor: respeito e afeto, principalmente entre os diferentes.

Os convidados palestrantes, nominalmente citados nas páginas 65 e 66, deram um toque especial aos encontros semanais. Representando o setor empresarial, a iniciativa governamental, ONGs, associações da sociedade civil e outras escolas de ensino superior, eles propiciaram o elo necessário para uma conexão mais completa entre os assuntos tratados a seguir.

O diálogo

O programa das disciplinas envolvia discussões teóricas sobre comunicação e terceiro setor, e o toque da vivência prática era dado pelos convidados. A cada semestre letivo – no total foram três – os temas variavam e, portanto, também os convidados mudavam, permanecendo a condição básica de não perderem o foco da discussão.

Assim, os alunos da graduação dos três semestres foram contemplados com fundamentos básicos para a compreensão do fenômeno terceiro setor, endossados por algumas palestras. Dentre os convidados, contou-se com a presença de jovens universitários que formaram uma organização filantrópica para prestar serviços voluntários em comunidades carentes. A graduação também teve a oportunidade de exercitar seu saber acadêmico realizando estudos de caso voltados para soluções de comunicação para entidades de amparo de portadores de necessidades especiais e de inclusão social de adolescentes, dentre outras indicadas. Pós-graduandos também apresentaram suas pesquisas em comunicação para o terceiro setor. Além dessas atividades, a graduação estava convidada a assistir às palestras nas aulas de pós-graduação.

Pela repercussão evidenciada, podemos afirmar que os temas debatidos nas aulas de pós-graduação, nos três semestres, contribuíram de forma muito significativa para a visão de cidadania dos participantes. A diversidade das propostas apresentadas pelos convidados descortinou um mundo novo, estimulando a pesquisa e a participação voluntária. Notadamente houve uma evolução no formato e no conteúdo das aulas com o crescente interesse dos envolvidos, que primaram pela preocupação em atender efetivamente não só aos objetivos da disciplina, mas também às expectativas das organizações visitadas.

Os convidados, com seus temas, e os alunos, com suas reações positivas, propiciaram uma magnífica prova de que os canais de comunicação estavam estabelecidos naquele ambiente acadêmico.

A academia se fez representar pelos pós-graduandos da Faculdade de Arquitetura e Urbanismo da USP (FAU/USP), que idealizaram projetos com soluções para os problemas de armazenamento da coleta seletiva de lixo. Em apoio a uma cooperativa de catadores de papel da cidade de São Paulo, esse projeto, acima de tudo, representa uma promessa de novas gerações de universitários já engajados em causas sociais. Com muita generosidade, a docente convidada e orientadora dos alunos do projeto apresentou sua pesquisa acadêmica, inédita, sobre as condições dos moradores de rua de três capitais; um magnífico estudo comparativo sobre o *design* do *habitat* desses excluídos, que, com toda as agruras que passam, mantêm elementos de sua formação ética e cultural em suas moradias improvisadas. É nítida a influência das diferentes culturas na organização espacial desses cidadãos à margem da sociedade.

Com grata satisfação, pesquisadores da unidade de Comunicações da ECA-USP apresentaram um novo campo de atuação profissional: a educomunicação. Esse conceito, estreitamente vinculado ao terceiro setor – cujos espaços de educação não formal, com uso diferenciado dos meios, têm sido amplamente discutidos em vários

Universidade, comunidade e terceiro setor: abrindo... 53

países por seu caráter controvertido, pois provoca conflitos na definição dos limites de atuação dos profissionais da Comunicação e da Educação – propõe mudanças de postura e defende a existência de um novo campo de pesquisa e desenvolvimento profissional.

A outra representação acadêmica foi de uma empresa júnior do departamento de Ciências Sociais da USP que atua em pesquisas na área social e presta serviços de menor custo em relação ao mercado. Esse tipo de empresa mostrou as múltiplas possibilidades de prestação de serviços existentes na USP e pouco divulgadas ou conhecidas no próprio meio. A agência foi incentivada a atuar no terceiro setor, inclusive para mostrar a importância de buscar na pesquisa científica subsídios para melhor fundamentar os projetos das entidades.

Da iniciativa privada, contou-se com a colaboração de uma consultoria em meio ambiente que ilustrou com brilhantismo o tema "marketing verde", indicando caminhos para a estruturação de projetos socioambientais. Abordou, ainda, a comunicação da temática ambiental como ferramenta básica para a captação de recursos e estabelecimento de parcerias.

O segundo setor também se fez representar por renomadas empresas que debateram a responsabilidade social corporativa. Na ocasião, em 2002, a discussão sobre o tema era relativamente nova e ficamos surpreendidos com a profundidade da abordagem pelos convidados. Até então, responsabilidade social corporativa e ética significava estar quite com o desenvolvimento humano e profissional dos funcionários, ter participação comunitária efetiva, dentre outros indicadores estabelecidos. Com grande surpresa, uma das empresas convidadas destacou o item "assédio sexual" como um dos fatores que feriam a boa prática da responsabilidade social empresarial e que nem todas as organizações assumiam como relevante. Os presentes ficaram muito satisfeitos com essa abordagem diferenciada e oportuna.

Desde o advento do terceiro setor, as ações de responsabilidade empresarial mais divulgadas referem-se às corporações mais conhecidas ou detentoras de marcas famosas. Na época, em uma visão precursora, pois a prática da responsabilidade social chegou recentemente a outros portes de negócios, inclusive ao varejo, a disciplina contou com a participação de uma pequena doceria varejista com respeitáveis práticas cidadãs. Parceira da Fundação Abrinq pelos Direitos da Criança, a empresa faz promoção de produtos com parte da verba destinada aos projetos da entidade e realiza cursos de capacitação em confeitaria para meninos internos da Fundação para o Bem-Estar do Menor (Febem), além de participar de outras campanhas socioeducativas e de prevenção na área da saúde.

Outro assunto largamente discutido, por ser fundamental ao funcionamento das organizações do terceiro setor, foi a captação de recursos humanos (voluntariado) e materiais. No processo de profissionalização, em vários aspectos de sua atuação, o segmento ainda carece de muita orientação teórica e prática. Sobre o assunto, contou-se com a preciosa colaboração da entidade que reúne profissionais de várias áreas que se tornaram captadores de recursos para organizações do terceiro setor. Essa migração deu origem a uma nova profissão no Brasil. Com vasta experiência na área, o representante da entidade discorreu sobre as múltiplas possibilidades de buscar recursos para a sustentabilidade das organizações sem fins lucrativos com ênfase na comunicação como ferramenta básica. Foram apresentadas experiências brasileiras e estrangeiras para mostrar peculiaridades inerentes às entidades que acabam gerando soluções criativas e inovadoras. Pelo exposto, deduz-se que também é fundamental pensar a captação como uma gestão estratégica dos recursos, otimizando os investimentos das entidades.

Na temática idosos, uma ilustre representante abordou o envelhecimento como um ato de coragem. Ela discorreu com proprie-

Universidade, comunidade e terceiro setor: abrindo... 55

dade sobre a deficiência de nosso sistema político, econômico, social e cultural para um acolhimento humano dos idosos. Segundo ela, pelo fato de não termos uma tradição de respeito para com os idosos, não os tratamos como pessoas com sabedoria amealhada em uma vivência muitas vezes dolorosa. Idoso no Brasil é fardo pesado para os familiares e para a sociedade. E, de acordo com pesquisa relatada no artigo "A reinclusão da terceira idade: uma abordagem para a responsabilidade social", que ouviu aposentados em busca de emprego, os idosos apresentam quatro aspectos comuns no perfil psicológico:

> O primeiro é a sensação de inutilidade. Em nossa sociedade, o trabalho [...] define a pessoa [...]. O segundo ponto é o alijamento social [sem trabalho] seu universo social fica restringido. É comum [...] fecharem-se em casa [...] entrarem em depressão. O terceiro item é a insegurança em função da evolução tecnológica. [...] O quarto aspecto é o financeiro [que os deixam sem uma vida digna].[9]

Não se pode negar que foram muitas as conquistas feitas pela sociedade civil organizada, mas ainda há muito por fazer. Na ocasião da palestra, fomos honrados com a presença de dirigentes de uma associação filantrópica que articula cerca de 800 idosos de uma região da capital paulista, vítima do desrespeito de órgãos oficiais que pretendem expulsar a sede de um terreno legalmente doado pela iniciativa governamental. A partir da discussão gerada em sala de aula pelas convidadas, parece ter havido uma mudança nos conceitos dos presentes, principalmente acerca da ação cidadã possível e necessária também para uma senilidade digna. Em outro semestre letivo, outra convidada discorreu sobre as dificuldades que uma associação de idosos enfrenta com a falta de uma orientação clara sobre a legislação para esse tipo de organização e sobre a divulgação de suas ações. Por incentivo dos participantes da disciplina, a entidade recebeu auxílio da agência ECA Júnior para um projeto de comunicação.

No terceiro setor também se encontra a segmentação como processo racional para atendimento coerente dos diversos públicos. Protagonistas de várias idades prestam serviços sociais a seus públicos afins. Com relação aos jovens, os alunos foram contemplados com a presença de representantes de dois movimentos da juventude. Um deles, voltado para skatistas e surfistas, procura, por meio de eventos para o segmento, disseminar a cidadania promovendo ações de captação de recursos para entidades socioambientais. O outro grupo de jovens realiza gincanas itinerantes de estímulo à cidadania direcionadas à população. Os convidados mostraram um magnífico trabalho, e, principalmente, absoluta convicção em seu potencial como jovens agentes de transformação, imprescindíveis no processo de transformação da sociedade.

A reciclagem de papel como proposta terapêutica e inclusiva de pacientes com problemas de saúde mental também chamou a atenção dos alunos. Trata-se de um projeto singular e muito bem acolhido pelo segundo setor, que, por meio de parcerias, distribui os produtos da entidade em redes de supermercados e eventos de negócios e de responsabilidade social empresarial.

Outro tema inédito e importante apresentado foi a formação de redes sociais como vertente do desenvolvimento sustentável do terceiro setor. Na discussão, ficou muito clara a importância da gestão da comunicação entre os participantes, principalmente porque a proposta envolve muita articulação pela internet, em confronto com a cultura do terceiro setor, que se pauta eminentemente pelo presencial, pelo corpo-a-corpo. E, nessa mesma questão, no início da formação de redes sociais, nem todas as entidades tinham ou podiam adquirir equipamentos de computação. Cumpre destacar, ainda, que os problemas não terminavam na aquisição, e sim con-

Universidade, comunidade e terceiro setor: abrindo... 57

tinuavam na capacitação das entidades para uso das tecnologias. Assim, a exclusão digital não se restringiu apenas a determinados segmentos de excluídos, mas, ironicamente, também atingiu algumas organizações que os assistiam.

Por ser a razão da implantação das disciplinas pela professora Eudosia Quinteiro, o campo da Comunicação foi amplamente discutido e trouxe muitas informações inéditas para os participantes. Diríamos que foi um dos focos mais dinâmicos de discussão, com a realização de uma oficina sobre como fazer uma publicação interna (*newsletter*) para uma organização do terceiro setor. O palestrante, docente em Comunicação Social, ao colocar de forma simples e objetiva as etapas de execução e seus custos, mostrou que a proposta era acessível e valia a pena em termos de retorno para as entidades. Essa colocação foi decisiva para uma das alunas presentes, captadora de recursos, que, seguindo a orientação dada em aula, planejou uma publicação para a entidade em que atuava. Disse ter se sentido encorajada e se lançou no desafio, cujo resultado nos chegou em mãos com qualidade superior às expectativas.

A comunicação e suas possibilidades socioeducativas também contemplaram os participantes das aulas com uma magnífica apresentação sobre a fotografia como ferramenta de alfabetização digital. O docente convidado, renomado profissional e coordenador do projeto "Fotografia e cidadania", voltado para os internos da Febem, defende que a fotografia como linguagem é importante recurso para leitura e compreensão da realidade, possibilitando o desenvolvimento da sensibilidade, da criatividade e da percepção. Torna-se um excelente veículo para aquisição do conhecimento e para a expressão da cidadania. Também foi interessante conhecer o envolvimento do profissional, que migrou de outra área convencido de que a "civilização das imagens" muito poderia fazer pela reorganização dos menores reclusos. Com muita paixão, narrou a

58 Um sensível olhar sobre o terceiro setor

emoção de presenciar a necessidade de expressão e a transformação dos jovens excluídos.

Continuando a pautar os temas de aula com exemplos interessantes da forte e necessária presença da comunicação no terceiro setor, a professora Eudosia Quinteiro trouxe a diretora de redação de um veículo estreitamente ligado ao segmento. Discorrendo sobre "Mídia local e sustentabilidade", a convidada demonstrou a importância de as organizações do terceiro setor, principalmente as de pequeno porte, buscarem as mídias locais – jornal e rádio – para divulgação de suas obras. Cedendo espaços gratuitos semanalmente, o jornal dirigido pela palestrante tem auxiliado significativamente também na construção de imagem das entidades da região. Narrando episódios pitorescos sobre o relacionamento das organizações com a imprensa, a diretora destacou que o terceiro setor precisa conhecer melhor o papel da comunicação em seu cotidiano, bem como aprender a dialogar com as mídias: enviar *releases* ou transformar em fatos atrativos seu fazer particular, convencer as mídias de que vale a pena divulgar seu trabalho e seus eventos. No debate acalorado, foi levantada, ainda, a questão dos cuidados com o poder de fogo dos meios de comunicação, advertindo, por exemplo, que uma exposição na mídia pode trazer conseqüências como crescimento da demanda dos assistidos e nenhum aumento dos recursos.

Na área da propaganda, a presença de dois ilustres convidados de duas das maiores agências do país agitou os participantes não só pelo profissionalismo das apresentações como pelas novas informações expostas. As duas empresas deixaram bem fundamentada a importância da comunicação profissional na divulgação das causas sociais, fato percebido principalmente por algumas organizações do terceiro setor que encontraram nas parcerias a possibilidade de viabilização de campanhas. Os presentes foram agraciados com uma exposição didática sobre as etapas que ante-

Universidade, comunidade e terceiro setor: abrindo... 59

cedem a comunicação: a entidade precisa antes saber com clareza do que trata seu "negócio" para depois pensar em um plano de comunicação. Esse alerta é importante porque há uma tendência em pensar a comunicação como algo espontâneo, fruto de estalos criativos. Aliás, o plano de comunicação talvez seja o aspecto que melhor traduz a diferença entre a comunicação profissional e as ações comunicativas geradas pelas entidades quando fazem seus panfletos, convites e cartazes.

Ambas as agências estão comprometidas com a realização de campanhas publicitárias de forma totalmente voluntária e com o mesmo cuidado dedicado a seus clientes regulares. Ou seja, independentemente da verba destinada a campanhas publicitárias, que o terceiro setor dificilmente tem, as organizações são atendidas com a mesma atenção e qualidade. E, pelo exposto nas aulas, pôde-se concluir que as peças de comunicação cuja linguagem coerentemente acompanha as conjunturas em que se encontram as entidades, servem como registro histórico destas.

Os participantes das aulas também tomaram conhecimento de que as dificuldades nas campanhas não estão somente nos investimentos de criação, papel da agência, mas também na veiculação, em que é imprescindível estabelecer parcerias com as mídias. Todos os presentes foram contemplados com a notícia, então inédita no mercado, de que uma das agências convidadas estaria abrindo em poucos meses um núcleo de marketing social, tal a importância de mediar profissionalmente o estabelecimento de parcerias com o segundo setor para que este invista na implementação de projetos socioambientais.[10] Também como algo inovador, falou-se em "marcas cidadãs" como expressão relativa a empresas socialmente responsáveis.

Para discorrer sobre as relações públicas no terceiro setor, contou-se com a presença do representante de uma das mais antigas e maiores entidades voltadas para o atendimento de portadores de necessidades especiais, um profissional de alto gabarito, voluntário e com perceptível envolvimento apaixonado pela causa da entidade. Em sua apresentação, ele deixou claro que o terceiro setor ainda não descobriu a importância ou o papel do profissional de relações públicas na comunicação com a comunidade. Ressaltou que a grande preocupação com a captação de recursos, fundamental para um atendimento de qualidade aos beneficiários, faz que as ações de gestão e de marketing assumam caráter prioritário nas entidades. O palestrante mostrou quão árdua é a luta para manter a organização em dia com seus compromissos, uma batalha cotidiana quase invisível ao grande público, mas que a comunicação profissional leva até ele instigando-o à cooperação. Um dos grandes momentos da apresentação ocorreu quando o convidado definiu o perfil ideal dos que atuam ou pretendem atuar no terceiro setor: "ser sensível". Se não tiver sensibilidade afinada com as pessoas e suas necessidades, pouco valerá a competência pessoal ou profissional. Talvez isso endosse a opinião de muitos pesquisadores segundo os quais atuar no terceiro setor vai muito além da simples migração de áreas. Raramente o mero transporte de técnicas funciona nesse segmento; é preciso "ser sensível".

No último semestre da disciplina de pós-graduação, enfatizou-se a fundamentação teórica da comunicação no terceiro setor para que os alunos fossem a campo e realizassem suas pesquisas. Essa abordagem inicial incluiu discussão sobre a importância da comunicação oral e do marketing pessoal no segmento. Para endossar a significativa participação dos alunos nas entidades escolhidas para as investigações, apresentou-se a Agência de Comunicações ECA Júnior para ilustrar o tema "Universidade e comunidade" e mostrar que o terceiro setor pode e deve buscar a academia para estabelecimento de parcerias. A ECA Júnior presta serviços de comunicação gratuitos ou abaixo do preço do mercado a entidades

Universidade, comunidade e terceiro setor: abrindo... **61**

não-governamentais, após estudos de viabilização do projeto solicitado. Esse exemplo mostrou que a academia está aberta à comunidade para parcerias interessantes, mas precisa ser procurada, uma vez que suas ações não contam com divulgação.

Nesse último semestre, os alunos investigaram temas bastante abrangentes e instigantes que começaram por um olhar acadêmico sobre a comunicação e o contexto histórico do advento do terceiro setor. Na configuração do panorama, destacaram-se estudos sobre o meio ambiente e o processo comunicacional aprofundado pela investigação acerca de redes e fluxos de comunicação no segmento. As pesquisas também levantaram questões sobre comunicação e legislação no setor, alvo de muitas dúvidas e contradições, principalmente por se tratar de uma área em que se priorizam as necessidades das demandas, aliadas à dificuldade de compreensão dos aspectos jurídicos.

Discutindo a mudança de valores, requisito básico para um desenvolvimento sustentável, um grupo de alunos promoveu um seminário apresentando reflexões de estudiosos sobre o perfil da empresa socialmente responsável da atualidade em contraponto à corporação ideal. Esta última, ainda inexistente, não terá a conhecida avidez por lucratividade e priorizará o relacionamento mais humanizado e respeitoso com seus públicos.

Com a crescente exposição de temas ligados ao terceiro setor, os alunos também investigaram as questões que envolvem as mídias e a ética na divulgação das causas sociais. O descontentamento de muitos cidadãos com as distorções sobre a realidade construída pelos meios de comunicação encontra opiniões contrárias de alguns acadêmicos.

O que não podemos esquecer é que, assim como a política ou a ciência, a mídia não é desvinculada da sociedade que a produz e, portanto, deve ser vista mais como o reflexo de um comportamento social do que um todo-poderoso instrumento de manipulação das massas.[11]

Apenas como uma pausa reflexiva, destacamos que toda discussão que envolve a ética aplicada a algum contexto ou atividade gera polêmica. Do entendimento conceitual do termo a sua práxis, todas as visões relativizam as definições. É ético o que está no código de comunicação ou o que entendemos ser o bem? Muitas vezes, a mídia pensa estar contribuindo para a causa ao divulgá-la. Talvez o conflito esteja na forma de organizar o conteúdo da comunicação ou quem sabe a entidade ainda não saiba tratar as informações enviadas, resultando em possíveis distorções.

Uma pesquisa dos alunos mostrou a profissionalização do segmento, que começou a se preocupar com um planejamento estratégico e seu respectivo plano de comunicação. Isso implica a necessidade de buscar profissionais da área para realizarem um trabalho de divulgação efetivo, que consolide a identidade e a imagem corporativa das instituições do terceiro setor para evitar

> a tendência natural das organizações de querer começar o processo pelo fim. Na urgência, na vontade de "resolver logo" determinado problema de comunicação – como a necessidade de fazer uma campanha de captação de recursos, por exemplo – muita gente boa cai nessa armadilha que resulta em trabalhos inconsistentes, pouco eficazes [...] Em comunicação e marketing é impossível desenvolver um trabalho bem-feito e duradouro sem ter um posicionamento institucional claro e um bom planejamento estratégico.[12]

De qualquer maneira, isso não significa que as entidades não tenham correspondido às expectativas de seus públicos. A profissionalização de sua gestão indica que há um novo momento, em

Universidade, comunidade e terceiro setor: abrindo... 63

que o diálogo com os outros segmentos poderá ser mais efetivo com o apoio de pessoas e ferramentas específicas para esse fim. E a universidade pode e deve ser a promotora desse diálogo, oferecendo à comunidade pesquisas e alunos cidadãos devidamente orientados para servir ao bem-estar comum.

E o diálogo continuará

Como pudemos observar, a proposta das disciplinas implantadas pela professora Eudosia Quinteiro cumpriu o objetivo de ensinar os alunos a levar o saber para fora da academia, com o entusiasmo de cidadãos que se descobrem participantes, transformadores positivos das estruturas sociais necessitadas de intervenções renovadoras.

Também era fundamental compartilhar as discussões da sala de aula com a comunidade, fazendo-a participar dos diálogos realizados no contexto acadêmico, ainda tão mistificado e mitificado aos olhos de muitos cidadãos. Para isso, a primeira turma de graduação e a última de pós-graduação realizaram dois eventos de encerramento do semestre das disciplinas. Ambos abriram o espaço acadêmico para que a comunidade estivesse presente e conhecesse a produção científica das disciplinas que trataram da comunicação e do terceiro setor.

Os eventos permitiram a apresentação pública dos temas pesquisados pelos alunos, bem como a participação de representantes de outros segmentos importantes para a atuação do terceiro setor. Dentre os convidados nos dois eventos estavam representantes do governo, do segmento empresarial e de entidades não-governamentais. Estas últimas fizeram uma aplaudida apresentação de suas atividades e manifestações artísticas e culturais. Era a universidade em franco diálogo com a comunidade, admitindo a expressão de um segmento muito peculiar em seu pensamento e, portanto, em suas ações.

64 Um sensível olhar sobre o terceiro setor

Antes de finalizarmos, mesmo sendo redundantes, lembramos que a universidade deve preparar os alunos cidadãos para a docência, a pesquisa e a gestão fomentando um clima de colaboração entre grupos de pesquisa. Entretanto, para estudar o fenômeno terceiro setor, o olhar investigativo necessita de uma preparação diferenciada, balizada por uma sensibilização prévia.

Uma das disciplinas que eu colocaria num curso de formação de professores é essa: o fenômeno humano, o ser humano, compreender o processo de formação humana [...] Segundo, colocaria a ética, a cultura. Antes do processo de construção do conhecimento, o processo de construção da cultura, de construção dos valores, de construção da ética, de construção das identidades, que pouco sabemos sobre isso.[13]

Domenico de Masi[14] possibilita um aprofundamento dessa reflexão quando instiga um despertar ante a realidade em que vivemos, propondo uma mudança nos modelos mentais de compreensão da realidade. Para ele, a crise ou o conflito não se encontra no contexto ou no ambiente, mas no modo com que os sujeitos encaram a realidade. A emergência do terceiro setor traz consigo essa proposta de mudança conceitual por meio da modificação dos modelos mentais. Assim, quando se mudam as terminologias,[15] há, talvez, uma tentativa de demonstrar um avanço da humanidade e de abrir possibilidades de ações sem rótulos estigmatizadores. Por exemplo, modernamente, é mais aceitável dizer que se pratica responsabilidade social e não caridade, porque esta se tornou nomenclatura depreciativa, sinônimo de "dependência nociva", de assistencialismo, ou antônimo de desenvolvimento sustentável.

De qualquer maneira, o que está em jogo é a continuidade da humanidade por meio da reorganização do contexto socioambiental, em que a teoria e a prática estarão harmônicas porque assentadas em uma relação genuína de respeito e de solidariedade.

Palestrantes

Por que não os citamos diretamente neste capítulo? Porque não houve tempo hábil para contatá-los e pedir autorização para divulgação de seu nome no contexto, bem como aprovação do conteúdo sobre sua apresentação. Isso, no entanto, não nos impede de lhes prestar uma homenagem singela e de expressar nossa gratidão por terem atendido ao convite e abrilhantado as disciplinas.

2001

- Cássia Navarro
- Cinthia Alario
- Gracia Lopes
- João Kulcsár
- Lourdes Alves de Souza
- Márcia Hirata
- Maria Antônia Gigliotti
- Marilena Lino Lavorato
- Percival Caropreso
- Pérsio Tagawa
- Prof. Custódio Pereira
- Prof. Fred Utsunomiya
- Profa. Dra. Maria Cecília Loschiavo dos Santos

2002

- AACD
- Ana Maria Coluccio
- Associação Ahimsa
- Carlos Alberto Amaro
- Eliana Tiezzi
- João Francisco de Carvalho Pinto Santos
- Maitê Gauto
- Marilena Lino Lavorato
- Tiana Lins
- Vânia Melo

2003

- Carlos Lopes
- ECA Júnior
- Prof. Alfredo Barbetta (virtualmente)

Convidados das duas edições do evento "Fala, cidadão! A comunicação no terceiro setor"

2001

- Aldeia do Futuro – Coral e Capoeira
- Prof. Maurício Marra

66   Um sensível olhar sobre o terceiro setor

- Associação Vida Nova
- Federação Paulista de Aikidô
- Fundação Banco do Brasil
- Grupo de Bumba-meu-Boi – Abamac, Campinas
- Lafriollée
- Parceiros do Futuro

- Profa. Dra. Cecília Maria Peruzzo
- Profa. Dra. Marisa Canton
- Sheila Saraiva
- Sérgio de Oliveira

- 3M do Brasil
- Unidos da Sucata – Projeto Sasecop

2003

- Abaçaí
- Associação Viva e Deixe Viver
- Fundo Social de Solidariedade
- Instituto Reciclázaro

- Jornal *São Paulo Zona Sul*
- McCann Erickson
- TV Globo

Notas

1. Associações de ajuda mútua já existiam desde os tempos de Cristo, mas aqui nos referimos à sociedade civil organizada segundo os conceitos enunciados na década de 1990: o primeiro setor representa a área governamental; o segundo setor, o segmento empresarial; e o terceiro setor, as organizações privadas de interesse público (entidades filantrópicas, fundações, organizações não-governamentais e outros tipos de associações da sociedade civil). Ver mais detalhes conceituais em Evelyn Berg Ioschpe (org.), *Terceiro setor: desenvolvimento social sustentado*.

2. Ver indicação de *sites* na p. 69.

3. Adrián Fernández, *Democratização do ar como exercício de cidadania*, p. 298.

4. Mário Aquino Alves e Luiz Carlos Merege, "Desenvolvendo a filantropia empresarial através da educação", *Cadernos do III Setor*, n. 1, p. 2.

5. Amália Sina e Paulo de Souza, *Marketing social: uma oportunidade para atuar e contribuir socialmente no terceiro setor*, p. 101.

6. Miguel Arroyo, "A universidade e a formação do homem", p. 31.

7. Margarita Roman y Caballero, "Universidade e terceiro setor: uma via crucial de co-aprendizagem", *IntegrAção – Revista Eletrônica do Terceiro Setor*, n. 17, p. 5.

Universidade, comunidade e terceiro setor: abrindo... **67**

8. Miguel Arroyo, *op. cit.*, p. 46.

9. Patrícia Almeida Ashley *et al.*, *Ética e responsabilidade social nos negócios*, p. 138.

10. Recentemente, revisando este artigo, soubemos que não se trata de um departamento, mas de uma ferramenta, um aplicativo com metodologia própria para o marketing social.

11. Ricardo F. Freitas e Luciane Lucas, *Desafios contemporâneos em comunicação: perspectivas de relações públicas*, p. 154.

12. Sylvia Bojunga Meneghetti, *Comunicação e marketing: fazendo a diferenta no dia-a-dia de organizações da sociedade civil*, p. 14.

13. Miguel Arroyo, *op. cit.*, p. 49.

14. Domenico de Masi (org.), *A sociedade pós-industrial*, p. 11.

15. Já vimos que a palavra "caridade" foi substituída por "filantropia", que, por sua vez, foi trocada por "responsabilidade social".

Referências bibliográficas

ALVES, Mário A.; MEREGE, Luiz C. Desenvolvendo a filantropia empresarial através da educação. *Cadernos do III Setor*, FGV/SP, n. 1, nov. 1997.

ARROYO, Miguel. A universidade e a formação do homem. *In*: SANTOS, Gislene Aparecida dos (org.). *Universidade, formação, cidadania*. São Paulo: Cortez, 2001.

ASHLEY, Patrícia Almeida *et al. Ética e responsabilidade social nos negócios*. São Paulo: Saraiva, 2002.

DOWBOR, Ladislaw *et al. Desafios da comunicação*. Petrópolis: Vozes, 2000.

FERNÁNDEZ, Adrián. *Democratização do ar como exercício de cidadania*. Dissertação (Mestrado). São Paulo: ECA/USP, 1998.

FREITAS, Ricardo F.; LUCAS, Luciane. *Desafios contemporâneos em comunicação: perspectivas de relações públicas*. São Paulo: Summus, 2002.

IOSCHPE, Evelyn Berg (org.). *Terceiro setor: desenvolvimento social sustentado*. Rio de Janeiro: Paz e Terra, 1977.

MASI, Domenico de (org.). *A sociedade pós-industrial*. 3. ed. São Paulo: Senac, 2000.

MENEGHETTI, Sylvia Bojunga. *Comunicação e marketing: fazendo a diferença no dia-a-dia de organizações da sociedade civil.* São Paulo: Global, 2001. (Coleção Gestão e Sustentabilidade.)

ROMAN Y CABALLERO, Margarita. Universidade e terceiro setor: uma via crucial de co-aprendizagem – Proyecto Universitario del Tercero Sector, Universidad Ibero Americana Golfo Centro, de Puebla, México. *IntegrAção – Revista Eletrônica do Terceiro Setor*, n. 17, ago. 2000.

SILVA, Jair Militão da (org.). *Educação comunitária: estudos e propostas.* São Paulo: Senac, 1996.

SINA, Amália; SOUZA, Paulo de. *Marketing social: uma oportunidade para atuar e contribuir socialmente no terceiro setor.* São Paulo: Crescente, 1999.

Sites

O terceiro setor na internet

- ► Centro de Estudos do Terceiro Setor (Cets) – http://integracao. fgvsp.br: artigos, eventos, cadastro de empregos.
- ► Centro de Estudos em Administração do Terceiro Setor (Ceats) – www.fea.usp.br/fia/ceats: pesquisa, programas, eventos.
- ► http://reets.rits.org.br: atividades e oportunidades no terceiro setor.
- ► www.academiasocial.org.br: artigos, agenda, *clipping*.
- ► www.cdi.org.br: informações institucionais, artigos.
- ► www.cidadania-e.com.br: artigos, eventos, cursos.
- ► www.clicksolidario.net: *links* para *sites* de doações a instituições filantrópicas.
- ► www.ethos.org.br: artigos, concursos, eventos sobre responsabilidade social empresarial.
- ► www.filantropia.org: artigos, pesquisas.
- ► www.fundata.org.br: banco de dados da Fundação Instituto de Pesquisas Econômicas (Fipe) relativo a fundações de direito privado brasileiras, artigos, palestras, Ministério Público, legislação, terceiro setor.
- ► www.gife.org.br: agenda, artigos, pesquisas.
- ► www.maxpressnet.com.br: agência de pautas, coletivas/eventos, dicas/movimento, prêmios/cursos, terceiro setor.

Universidade, comunidade e terceiro setor: abrindo... 69

- www.portaldovoluntario.org.br: artigos.
- www.portalsocial.ufsc.br: pesquisas, artigos.
- www.pucjunior.com.br: serviço de consultoria em gestão empresarial, pesquisa de mercado, informática aplicada e consultoria para o terceiro setor.
- www.rits.org.br: cadastro de entidades, cursos e eventos.
- www.setor3.com.br: pesquisas.
- www.terceirosetor.org.br: notícias, eventos, banco de talentos, histórias de voluntários, *links*, cursos e biblioteca.

Bases de pesquisa

- www.benfam.org.br
- www.comunidadesolidaria.com.br
- www.ibase.org.br
- www.indicator.com.br
- www.ipea.gov.br/asocial
- www.usp.br/ip/laboratorios/lacri

Legislação e terceiro setor

Eliana Matayóshi Yamaguti

"Feliz aquele que transfere o que sabe e aprende o que ensina."

Cora Coralina

Quero iniciar agradecendo o convite para fazer parte desta coletânea. Minha satisfação tem duas vertentes claras: uma, pela oportunidade de contribuir; outra, por saber que esta obra causará importante impacto nos interessados no tema terceiro setor e seus assuntos correlatos, como responsabilidade social, desenvolvimento sustentável e ética, dentre os mais discutidos na atualidade.

Acredito na efetividade da obra porque não se trata de um conjunto de meras reflexões de gabinete, e sim de expressões de vivências, de um eixo fundamental em meio a tantas divagações já realizadas no estudo desse segmento.

Também quero destacar a liberdade de exposição de idéias, desprovida de engessamento, mas nem por isso de menor seriedade. Talvez seja como acontece no terceiro setor: muitas vezes os resultados surpreendem por não terem seguido as regras estabelecidas.

Histórico das associações perante as leis

Quando ainda não se falava em terceiro setor, era fato notório que o Direito só se fazia presente nas entidades para atender à solicitação dos órgãos públicos para que elas conseguissem a qualquer custo as certificações básicas para funcionamento. No entanto, mal sabiam para que serviam tais certificados, que benefícios podiam trazer, se realmente eram necessários. Em resumo, só tinham certeza de que, uma vez concedidos, deviam ser renovados, e sua grande preocupação era não perder o prazo. Colocavam-se, assim, na dependência de um contador, de um voluntário interessado em preencher e reunir a documentação e, freqüentemente, nessa correria, perdiam o foco, seu verdadeiro objetivo.

Certa vez, em uma repartição pública, indagou-se por que não se aumentava o prazo de validade dos certificados; a resposta: era para assegurar que as associações cumprissem as cláusulas estatutárias. Ora, é difícil crer que analisar balanços contábeis, planos de trabalho, dentre outros documentos, possa comprovar que uma instituição esteja cumprindo seu papel social perante a sociedade e os órgãos fiscalizadores.

Denota-se uma indiferença, uma distância entre ação e intenção. Uma coisa é a instituição agir de pronto diante das necessidades, tendo como premissa maior atingir o objetivo que se propôs; outra é ela ter a intenção de agir, ou seja, não entrar em ação e não temer ser punida por órgãos competentes porque não há fiscalização e a documentação vai estar sempre em ordem e à disposição.

A existência dessa lacuna, dessa falta de interesse talvez possa ser explicada pelo fato de os profissionais ainda não terem uma preocupação, um despertar consciente e mais efetivo pelo social, em orientar as associações sobre seus direitos, benefícios e obrigações, bem como sobre as conseqüências de seu não cumprimento. A ausência de um intermediário, de um interlocutor entre as partes – poder público e entidade – faz que as dificuldades sejam maiores do que realmente parecem ser.

Outro agravante é o pensamento errôneo de que, por não ter fins lucrativos, uma entidade não necessita de uma assessoria permanente porque não gera receita. Perante a lei, as entidades não estão isentas de prestar contas aos órgãos a que estão vinculadas em decorrência do tipo de assistência que prestam, tais como Receita Federal (ex.: declaração de imposto de renda – isenta), Previdência Social (ex.: certidões negativas, recolhimento de INSS de folha de funcionários), conselhos, ministérios, poder judiciário e assim por diante. Como se verifica, não deixam de ser "empresas", que podem gerar despesas e receitas consideráveis, as quais devem ser aplicadas, revertidas em benefícios, de acordo com o que dispõe o estatuto.

Em suma, é preciso ter consciência de que a lei existe, tem de ser cumprida, exigida, provocada. Todavia, muitas vezes por falta de esclarecimento, age-se ao arrepio da lei, o que ocasiona, por conseqüência, transtornos irreversíveis, como suspensões, multas e perdas de certificações.

Visualizando esses descasos, leis obsoletas, excesso de burocracia e as inúmeras dificuldades de transpor barreiras para conduzir uma associação, a professora Eudosia Acuña Quintero, presidente de uma entidade, vem percorrendo um caminho de pedras para que o terceiro setor seja reconhecido como imprescindível. Pioneira em implantar o tema nos cursos de pós-graduação da ECA-USP, sua contribuição torna-se cada vez mais importante por acreditar que o terceiro setor vai se consolidar de fato e de direito quando os três setores fizerem o "dever de casa" com ética, honestidade e transparência.

Terceiro setor

Pode-se dizer que, no Brasil, a expressão "terceiro setor" é recente. Apenas na última década o termo ganhou força, sendo utilizado para caracterizar uma atuação não estatal, mas cuja ação visa ao interesse público, ou seja, engloba associações com fins públicos, porém de caráter privado. Dessa definição excluem-se o primeiro setor, que é o setor público, e o segundo setor, representado pela iniciativa privada, com atividades e objetivos lucrativos. Para melhor entendimento, observe-se o quadro:

Setor	Representante	Agente	Ação
Primeiro	Estado/governo	Público	Pública
Segundo	Empresa/mercado	Privado	Privada
Terceiro	Associação	Privado	Pública

A designação "terceiro setor" engloba vários termos, entre eles: sociedade civil sem fins lucrativos, grupo, organização da sociedade civil, organização não-governamental (ONG), setor de caridade, atividade filantrópica, centro, instituto, rede, liga, núcleo, lar, instituição, fraternidade, seara, serviço, casa.

Com o advento do novo Código Civil, em vigor desde janeiro de 2002, ficou estabelecido, nos artigos 44 e seguintes, que os nomes juridicamente corretos são associação e fundação, cada uma delas com características distintas. Contudo, isso não quer dizer que não se possam usar os demais termos de acordo com as finalidades propostas, desde que se mencione expressamente no estatuto.

Além dessas mudanças por força do novo Código Civil, poucos anos antes, em 1999, aprovou-se a Lei 9.790 – Organizações da Sociedade Civil de Interesse Público (Oscip), também conhecida como Lei do Terceiro Setor, considerada marco legal do terceiro setor.

74 Um sensível olhar sobre o terceiro setor

A referida lei dispõe sobre a qualificação de pessoas jurídicas de direito privado sem fins lucrativos como Organizações da Sociedade Civil de Interesse Público e institui e disciplina o Termo de Parceria, além de estabelecer uma nova disciplina jurídica para elas. As inovações mais preponderantes são:

▸ possibilidade de remunerar os dirigentes;
▸ previsão de formação de parcerias com o poder público, por meio do Termo de Parceria, bem como entre entidades qualificadas como Oscip para fomento de suas atividades;
▸ observância dos mesmos princípios que norteiam a Administração Pública, que são: legalidade, impessoalidade, moralidade, publicidade, economicidade e eficiência;
▸ qualificação do título de Oscip, concedida pelo Ministério da Justiça depois de cumpridas todas as exigências da lei.

A Lei 9.790/99 também elenca um rol taxativo no que se refere aos objetivos sociais, ou seja, para que receba a qualificação como Oscip, a entidade deve ter uma das seguintes finalidades:

▸ promoção da assistência social;
▸ promoção da cultura, defesa e conservação do patrimônio histórico e artístico;
▸ defesa, preservação e conservação do meio ambiente e promoção do desenvolvimento sustentável;
▸ promoção gratuita da saúde, da educação, da segurança alimentar e nutricional, do voluntariado, do combate à pobreza;
▸ experimentação, não lucrativa, de novos modelos socioprodutivos e de sistemas alternativos de produção, comércio, emprego e crédito;
▸ estudos e pesquisas, desenvolvimento de tecnologias alternativas, produção e divulgação de informações e conhecimen-

tos técnicos e científicos que digam respeito às atividades mencionadas no artigo 3º da Lei 9.790/99;

▸ promoção da ética, da paz, da cidadania, dos direitos humanos, da democracia e de outros valores universais.

Ressalte-se que tal lei também enumera quem não pode receber qualificação de Oscip. O que mais gerou polêmica foi o inciso III do artigo 2º:

> Não são passíveis de qualificação como Organizações da Sociedade Civil de Interesse Público ainda que se dediquem de qualquer forma às atividades descritas no art. 3º desta Lei:
> [...]
> III – as instituições religiosas ou voltadas para a disseminação de credos, cultos, práticas e visões devocionais e confessionais.

Justifica-se essa ressalva pelo fato de que, ao ser aprovada a Lei 9.790/99, considerada marco legal para o terceiro setor, uma conceituada faculdade convidou associações para discussão e debate. Quando se mencionou o referido inciso, muitos representantes das entidades citadas levantaram-se e deixaram o auditório, demonstrando sentimentos diversos, como decepção, tristeza, desânimo. Tudo isso, talvez, porque a filantropia foi impulsionada pelo cunho religioso: os pioneiros no atendimento aos desamparados foram os católicos, com a instalação da Irmandade da Misericórdia, em 1543, na capitania de São Vicente. Depois, surgiram a Santa Casa de Misericórdia, em 1876, o Mosteiro de São Bento, em 1598, a Ordem dos Frades Menores Franciscanos, em 1897, e outros. Atualmente, há um verdadeiro ecumenismo no terceiro setor, formando uma rede de solidariedade cujas ações têm grande destaque no cenário filantrópico.

Além disso, tais representantes viam no Termo de Parceria com o governo uma forma de obter recursos financeiros, incentivos, isenções e imunidades fiscais. Enfim, benefícios condizentes com os objetivos das entidades para poderem trabalhar em consonância e harmonia com o Estado.

Entenda-se, aqui, que nenhuma entidade enquadrada no artigo mencionado pretende impor suas convicções religiosas ao menos favorecido para que ele possa receber assistência, uma vez que a Constituição brasileira, por se considerada laica, proíbe tal atitude. Essas associações querem apenas que seus projetos assistenciais possam receber a devida atenção da citada lei ou de outra que possa advir e, assim, contar com benefícios para sustentar-se com eficiência.

Quando a Lei 9.790/99 foi elaborada e aprovada, seu objetivo precípuo era o de fortalecer o terceiro setor, em virtude de sua capacidade de criar projetos, assumir compromissos, mobilizar pessoas e gerar recursos necessários ao desenvolvimento social. Contudo, até o presente momento, nota-se que a referida lei não está atingindo tal objetivo.

À medida que as entidades passaram a ocupar espaço público, assumindo responsabilidades, constatou-se o aumento de sua importância política e social pela participação cidadã e, principalmente, de sua importância econômica em virtude do potencial de criação de novos empregos, prestação de serviços e controle social.

Diga-se, aliás, que o próprio Estado, o primeiro setor, diagnosticou que era de sua responsabilidade prestar assistência aos cidadãos menos favorecidos; porém, as associações sérias, de objetivos definidos, ao depararem com a população desassistida e a exclusão social, de acordo com suas possibilidades, tomaram a frente e estão cumprindo seu papel com muitas dificuldades, mas com dignidade.

Não se pode esquecer do empresariado e sua ação diante da responsabilidade social. Apesar de sua crescente parcela de con-

Legislação e terceiro setor 77

tribuição, percebe-se que o segundo setor tem grande dificuldade em visualizar as ações sociais como um investimento, demonstrando falta de percepção ou despreparo diante dessa nova era, a da responsabilidade social empresarial.

Não é um modismo efêmero, mas sim garantia de uma imagem positiva da empresa perante a sociedade como um todo – as comunidades, os consumidores, os parceiros, os funcionários. Com ações concretas de cidadania, uma organização pode se consolidar em um mercado altamente competitivo.

Ao oferecer benefícios aos funcionários, como assistência médica, auxílio alimentação, creches e até cursos, a empresa já vem dando sua contribuição, voltando os olhos para os que estão dentro da empresa, fazendo que a responsabilidade social corporativa fique cada vez mais estimulada e, assim, possa se estender às entidades necessitadas.

Quanto ao papel dos funcionários nesse cenário, é igualmente importante sua participação voluntária no terceiro setor, uma vez que, ao assumir o compromisso de se dedicar a uma atividade social, é preciso ter disciplina, capacidade, motivação, ou seja, as mesmas qualificações que o mercado de trabalho exige de um profissional.

Atualmente, é comum a preferência por um candidato a emprego que seja voluntário em alguma instituição, chegando a ser um item de eliminação no processo seletivo. Estatísticas comprovam que voluntários em entidades beneficentes mostram predisposição para gerir e melhorar os resultados com eficácia e são grandes incentivadores e colaboradores em um ambiente de trabalho. E, tal como anda a situação do concorrido mercado de trabalho, ser voluntário do terceiro setor chega a ser uma condição para concorrer a um cargo superior, ser promovido e até manter o atual emprego.

Conclui-se que o desenvolvimento e o crescimento dos envolvidos na filantropia só ocorrem em um caminhar conjunto e com objetivos focados no bem-estar geral.

Voluntário

"Cidadão que, motivado pelos valores de participação e solidariedade, doa seu tempo, trabalho e talento, de maneira espontânea e não remunerada, para causas de interesse social e comunitário."

Conselho da Comunidade Solidária, 1997

"É o jovem ou o adulto que, devido ao seu interesse pessoal e ao seu espírito cívico, dedica parte do seu tempo, sem remuneração alguma, a diversas formas de atividades, organizadas ou não, de bem-estar social ou outros campos."

Organização das Nações Unidas

A todo o momento ouvem-se reclamações de que o país vai mal, que o pobre está cada vez mais pobre, que a violência aumenta a cada dia, que a culpa é do governo, pois é incompetente e os políticos são interesseiros, que é o final dos tempos, que tudo está pela hora da morte, e assim por diante.

Mas o que o cidadão está fazendo para melhorar esse quadro?

Causa espanto ver o mesmo cidadão que reclama dar justificativas para não contribuir nem participar de causas sociais que podem amenizar ou modificar as situações apontadas.

Afinal, também somos responsáveis, e tal discurso serve para alertar que, muitas vezes sem perceber, apontamos esses problemas sociais nos mesmos moldes, os quais podem piorar se realmente não fizermos a parte que nos cabe como cidadãos conscientes, permeados diariamente de cenas e atitudes revoltantes, que pedem ações efetivas.

A Constituição Federal, a lei maior do país, prevê a todo brasileiro direitos e garantias fundamentais, tais como saúde, moradia e segurança, estabelecendo que é obrigação do Estado assegurá-los. Todavia, o Estado, na figura de seus governantes e políticos, alega que há uma crise de legitimação na governabilidade, uma sobrecarga que vai aumentando de um governo para o outro, por culpa da má gestão da administração pública dos governos anteriores; ou seja, "para cumprir as promessas de campanha, é preciso, antes, arrumar a casa".

Tentativas de acusações e desculpas inconsistentes, a esta altura, são, no mínimo, um desrespeito ao cidadão, principalmente ao mais necessitado, que sofre com essas injustiças sociais; político que promete não tem credibilidade para governar.

No entanto, ficar esperando por uma solução é pura demonstração de comodismo, de que se é igual àquele a quem se culpa. Contribuir por um país melhor é ser cidadão consciente de seus direitos e deveres, e a melhor forma de cobrar direitos é dando exemplos de cidadania.

"Cidadão é aquele que usufrui os direitos e cumpre deveres definidos pelas leis e costumes da cidade: a cidadania é, antes de mais nada, o resultado de uma integração social, de modo que 'civilizar' significa, em primeiro lugar, tornar cidadão."

Durozoi e Roussel

É nesse panorama que se insere o papel do voluntário, cuja motivação maior é poder contribuir para que a sociedade em que ele vive seja mais justa e menos desigual, aliada à satisfação de espontaneamente poder ajudar o semelhante, fundado no sentimento de solidariedade, de sentir-se socialmente útil, sem qualquer expectativa de receber benefícios financeiros ou materiais.

Não há espaço para altruísmo descompromissado, pois a participação voluntária requer disciplina, capacitação, um compromisso sério que se assume para ser cumprido à risca. "Ser voluntário" não quer dizer que não há responsabilidade; ao contrário, está ligado a um ideal de servir de bom grado, de doar, de envolver-se com a causa em que se acredita.

80   Um sensível olhar sobre o terceiro setor

Contudo, por falta de um respaldo jurídico, as entidades deparavam com inúmeros problemas trabalhistas, porque acabavam por criar um vínculo empregatício com o voluntário. Foi com o propósito de regulamentar o trabalho voluntário no Brasil que se promulgou a Lei 9.608/98. Coube ao legislador, por meio desse diploma legal, fazer a distinção entre trabalho voluntário e trabalho assalariado.

Tal lei considera que o serviço voluntário é a atividade não remunerada, prestada por pessoa física a entidade pública de qualquer natureza ou instituição privada de fins não lucrativos, que não gera vínculo empregatício nem obrigação de natureza trabalhista ou previdenciária. Somente pode ser exercido mediante a celebração de termo de adesão entre a entidade e o voluntário, no qual devem constar o objeto e as condições de seu exercício.

Todavia, em 22 de outubro de 2003, foi aprovada a Lei 10.748, que criou o Programa Nacional de Estímulo ao Primeiro Emprego para os Jovens (PNPE) e acrescentou o artigo 3º-A à Lei 9.608/98, estabelecendo uma espécie de exceção à regra do trabalho voluntário, que tem como característica predominante a gratuidade.

O novo dispositivo permite que o prestador de serviço voluntário entre 16 e 24 anos, integrante de família com renda *per capita* mensal até meio salário mínimo – preferencialmente egresso de unidades prisionais ou que esteja cumprindo alguma medida socioeducativa –, receba auxílio financeiro no valor máximo de R$ 150. Há, ainda, uma série de exigências para que o voluntário tenha direito ao auxílio financeiro.

Louvável a iniciativa, porém surgem inúmeras indagações quanto aos critérios adotados em relação ao perfil exigido. Talvez o mais sensato fosse implantar projetos de capacitação profissional, dando às entidades interessadas a oportunidade de ministrar e transformar os chamados "reeducandos" em cidadãos e não em eternos voluntários. Inseri-los no mercado de trabalho é muito mais digno.

Vale lembrar que as entidades devem estar preparadas para lidar com os voluntários interessados nesse auxílio, mas totalmente indiferentes à causa que elas abraçam. Tal menção se justifica pelo simples fato de que, se existem duas leis federais para dar respaldo e segurança às entidades, é verdadeira a assertiva de que existem voluntários e "voluntários".

Diante do exposto, é válido refletir se, em vez de ficar elaborando leis que correm o risco de cair em desuso, não seria melhor profissionalizar. Está na hora de pensar em leis mais modernas, de resultados céleres, que simplifiquem o andamento dinâmico do terceiro setor como um todo.

"Não podemos voltar atrás e fazer um novo começo, mas podemos recomeçar e fazer um novo fim."

Ayrton Senna

Experiências pessoais
Entidade

Quando se é chamado para ser voluntário, geralmente a primeira coisa que se alega é a falta de tempo em razão do trabalho ou do filho pequeno, do marido, da esposa; enfim, culpa-se o cotidiano profissional e a família. Há sempre uma ótima desculpa para recusar o convite com diplomacia e sem peso na consciência. Não raro, simplesmente coloca-se a mão no bolso pensando ser uma contribuição importante para levar uma causa nobre adiante. Esse é o maior engano que se comete.

Comigo não foi diferente. Sempre alegava falta de tempo quando era convidada para dar alguma orientação jurídica a um assistido. Depois de muita insistência, resolvi atender a um pedido. Afinal, o que custava? Era um dia só!

A entidade que me convidou, e que hoje chamo de Grupo, estava lotada de beneficiários e havia uma quantidade enorme de voluntários, em sua maioria jovens. Fui muito bem recebida. O espaço físico era pequeno para tanta gente, mas a alegria era tanta que ninguém se importava. Mães, avós e crianças foram acomodadas nas salas, corredores, quintal, tudo com muita ordem.

Antes de iniciar qualquer atividade, o Grupo sempre profere uma prece de agradecimento, e o mais interessante é que há um grande respeito pelas crenças e religiões de cada um, princípio constitucional que a maioria dos beneficiários não conhece. A entidade ensina trabalhos manuais, alfabetização, evangelização, música, capoeira etc.

Durante o decorrer da manhã, fui conhecendo melhor alguns dos princípios que regem o Grupo. No primeiro momento, o chamado assistencialismo sempre está presente como forma de socorrer e suprir as necessidades mais prementes. É o período em que o assistido precisa do "peixe", para ter condições de entendimento, de melhora da auto-estima e de sua capacidade de reerguer-se.

Contudo, o mais louvável é o resgate da dignidade do ser humano, que se dá por meio da capacitação profissional para sua reintegração no mercado de trabalho, ou seja, ele aprende a "pescar" e não fica dependente da entidade. Fora todos os benefícios que o assistido recebe – atendimento médico, pediátrico, odontológico, remédios, leite em pó, cestas básicas, entre outros –, ele aprende sobre higiene pessoal, comportamento social, cidadania, além de noções de vários ramos do Direito e de leis especiais, como o Estatuto do Idoso e o Estatuto da Criança e do Adolescente, bem como orientação de como ter acesso à justiça gratuita.

O principal, no entanto, é a capacitação, que, em grande parte, se dá na cozinha-escola da entidade. Cursos de panificação, confeitaria, massas, doces, salgados e culinária do dia-a-dia são os mais procurados pelos beneficiários, pois eles podem fazer em casa e vender ou ser empregados em padarias, docerias ou firmas

Legislação e terceiro setor

congêneres. Estuda-se, também, a possibilidade de formar pequenas cooperativas de trabalho e ajuda mútua.

Sempre imaginei que todas as entidades mantivessem o mesmo segmento, o de dar o "peixe", e que o assistido sempre permaneceria nessa condição. Ressalto isso de forma bem otimista, porque tive a oportunidade de conhecer várias entidades, quer como pesquisadora, quer como visitante ou voluntária, e constatei que na maioria delas o que prevalecia era só dar o "peixe". Quem sabe esse exemplo do Grupo possa ser um modelo multiplicador entre as entidades.

O Grupo tem como norma preparar voluntários compromissados, assíduos, disciplinados e polivalentes (se um falta, outro substitui – esse sistema, claro, não se aplica à área da saúde). É importante, ainda, que os voluntários tenham disposição para o estudo acadêmico, para o aprendizado cristão, para pesquisas, tudo em um processo contínuo e harmonioso.

Resumindo, minha experiência no Grupo fica cada dia mais interessante e gratificante. Estou no voluntariado há mais de dez anos, os melhores de minha vida. Aprendo todos os dias convivendo com diferentes personalidades, profissionais de diversas áreas, em situações de alegria ou de tristeza; enfim, faço parte de uma grande família, que, apesar das adversidades, se mantém sempre unida.

Recomendo a todos que não esperem por um convite. Há muitos lugares que necessitam de voluntários, principalmente da área jurídica. Estar nesses lugares nos dá a possibilidade de ter uma visão mais clara das questões sociais, de melhorar intimamente, de aprender a respeitar o semelhante, de conviver, de compartilhar, de entrar em contato com uma realidade em que, apesar de tantas carências, descobrem-se riquezas insuspeitadas e gratificantes.

O assistido e o voluntário

Muitos pensam que lidar com o assistido é fácil, porque é um "coitado", "ignorante", "pobre", que precisa de ajuda. Mentira! Ele é um ser humano que, além das necessidades materiais, precisa ser respeitado, ser ouvido para desabafar suas mágoas, revoltas, dores, doenças, problemas familiares como alcoolismo e violência doméstica.

Apesar de todas as angústias que o assistido traz dentro de si, o voluntário não deve dar conselhos, passar a mão na cabeça, demonstrar piedade, mas sim incentivá-lo a ter coragem, resignação, força interior, motivos que ele mesmo possa descobrir para continuar lutando. O voluntário é preparado para não cometer exageros, pois a situação é muito delicada e cada assistido é um ser único, com reações diferentes.

O voluntário deve estudar muito, ser disciplinado, saber fazer uso da intuição, da visão, da audição, de maneira sutil. "Socorrer" o assistido em suas primeiras necessidades é o primeiro passo, sem preconceitos ou prejulgamentos.

"Não basta saber, é preciso aplicar.
Não basta querer, é preciso agir."

Goethe

A responsabilidade de substituir as hierarquias para comandar e manter a ordem em todos os ambientes da entidade, bem como os demais voluntários e os assistidos, é uma tarefa bem árdua para o voluntário, mas com experiências riquíssimas, pois manter o controle da situação em harmonia passa a verdadeira noção de uma equipe solidária e disciplinada.

Rebeldia é o pior comportamento; em um local onde se deve contribuir com equilíbrio e harmonia não há espaço para *shows* particulares. Deve-se lembrar continuamente que ser voluntário é ter responsabilidade e compromisso perante uma equipe e, principalmente, os assistidos, dando bons exemplos e mantendo em mente que se está sempre sendo observado. É fundamental aplicar na prática as teorias que falamos, ensinamos e explicamos.

O voluntário deve assumir uma tarefa e desenvolvê-la da melhor forma que puder, dar sempre o melhor, nunca pensando em oferecer restos – resto de tempo, restos de comida, restos de roupas, afinal, quem gostaria de receber restos?

Apoiador/parceiro

Recepcionar e manter um diálogo com os apoiadores/parceiros certamente não é tarefa que se possa desenvolver com facilidade, principalmente quando a pessoa tem sérias falhas de comunicação, é impaciente e ansiosa.

É necessário manter uma postura profissional, pois, uma vez que se está representando uma entidade, o ideal é ter a mente centrada nos objetivos dela, sem levar para o lado pessoal.

Possuir a habilidade da sutileza é fundamental. É gratificante alcançar êxito na empreitada. Isso ocorre quando o apoiador/parceiro dá início às contribuições acordadas e pode pessoalmente visualizar a contrapartida de sua iniciativa por meio de visitas, fotos, documentos contábeis e jurídicos. No entanto, a situação se complica quando, sem justificativas e sem comunicar a entidade, ele resolve não mais contribuir. É realmente decepcionante, e muitas vezes perdem-se projetos grandiosos.

O que resta para a entidade é se movimentar com certa rapidez, na busca de outros parceiros/apoiadores, já que não há implicações jurídicas para aquele que desistiu, mas para a entidade pode ocasionar grandes prejuízos, tanto financeiros quanto jurídicos, caso ela não tenha como sustentar um projeto já iniciado.

Precavidas, há entidades que nunca deixam de dar continuidade aos projetos; elas se preparam para os eventuais acidentes de percurso, consultando antes para não se lamentar depois.

Considerações finais

As desigualdades sociais se apresentam em uma escala crescente, cujos motivos são inúmeros, porém é a conseqüência o que realmente preocupa, pois cada vez mais se acentua a pobreza dos excluídos.

O Estado tem se mostrado incapaz de prover todas as necessidades dessa população carente. E o setor privado, apesar do engajamento e participação em ações sociais, faz muito pouco diante do que realmente poderia realizar. Isso se deve à dificuldade dos empresários de visualizar as ações sociais como investimento que pode lhes dar grandes retornos.

Assim, o terceiro setor desempenha papel fundamental, quer como provedor das necessidades básicas desses cidadãos, quer como fomentador de ações para que o Estado crie políticas públicas mais flexíveis, menos burocráticas, com maiores incentivos fiscais, para um setor que nos últimos anos tem sido extremamente prejudicado por falta de planejamento, equilíbrio e maturidade dos políticos, dos empresários e mesmo dos legisladores.

Há, também, grande inércia das instituições de ensino superior, principalmente no curso de graduação de Direito, pois não se vêem esforços concretos para a implantação de disciplinas específicas para o terceiro setor.

Em meio a essa espécie de chamamento a uma "participação/ ação", há que se ressaltar a iniciativa pioneira da Ordem dos Advogados do Brasil – Seção de São Paulo (OAB/SP), ao instalar, em 2004, a Comissão de Direito do Terceiro Setor, que, por meio de sua competente presidente e de seus colaboradores, vem caminhando com grande entusiasmo e produzindo resultados profícuos.

A participação como membro colaborador dessa comissão é extremamente gratificante, embora se observe que a maioria dos profissionais da classe demonstra grande saber jurídico, mas não tem uma noção exata do que se passa dentro das instituições, principalmente das "pequenas", que fazem um trabalho árduo para sobreviver. Estas, sim, merecem atenção especial dos advogados, dos contadores especializados, para dar orientações aos dirigentes, que

Legislação e terceiro setor

não sabem como manter as documentações organizadas ou quais providências jurídicas devem tomar em relação aos assistidos que delas necessitam. Obviamente, as "grandes" instituições possuem papel relevante e por isso estão diariamente na mídia. O que se pretende demonstrar é que essas entidades não podem ser niveladas em pé de igualdade. Todas têm seu devido valor!

Portanto, somente pela ação conjunta dos operadores do Direito, órgãos e membros do poder judiciário e do Ministério Público é que se pode construir uma sociedade mais justa e menos desigual.

Referências bibliográficas

BARBOSA, Maria Nazaré Lins; OLIVEIRA, Carolina Felippe. *Manual de ONGs: guia prático de orientação jurídica*. 3. ed. atualizada. Rio de Janeiro: FGV, 2002.

BRASIL. Constituição da República Federativa do Brasil de 1988.

BRASIL. Lei Ordinária Federal 9.608, de 18 de fevereiro de 1998. Serviço voluntário.

BRASIL. Lei Ordinária Federal 9.790, de 23 de março de 1999. Organizações da Sociedade Civil de Interesse Público (Oscip).

BUFFA, Ester. *Educação e cidadania*. 6. ed. São Paulo: Cortez, 1996.

DUROZOI, Gerard; ROUSSEL, André. *Dicionário de filosofia*. Porto: Porto Editora, 2000.

REALE, Miguel. *Filosofia do Direito*. 17. ed. São Paulo: Saraiva, 1996.

SIQUEIRA JR., Paulo Hamilton. *Lições de introdução ao Direito*. 4. ed. São Paulo: Juarez de Oliveira, 2002.

SZAZI, Eduardo. *Terceiro setor: regulação no Brasil*. 3. ed. São Paulo: Peirópolis, 2003.

VIEIRA, Liszt. *Cidadania e globalização*. 6. ed. Rio de Janeiro: Record, 2002.

Comunicação visual nas organizações do terceiro setor: enxergando com o coração

Mariléa C. de Oliveira Viebig

Introdução

A seguinte frase do filósofo grego Heráclito (século IV a.C.) é muito oportuna: "Os olhos são testemunhas mais exatas que os ouvidos".[1] A experiência visual humana é fundamental no aprendizado para que possamos compreender o meio ambiente e reagir a ele; a informação visual é o mais antigo registro da história humana.

Para fortalecer essa idéia, buscamos as palavras do professor Modesto Farina, estudioso e pesquisador de todo o processo visual, que observa: "A visão representa uma das preciosidades que o homem recebeu da natureza. É o sentido que faz vibrar o ser humano e o faz pensar, gozar e desfrutar as coisas do mundo que o rodeia".[2]

Não se pretende, aqui, esclarecer de modo científico os mecanismos de funcionamento do aparelho visual, em razão da complexidade do assunto. O objetivo do trabalho explicitado neste artigo foi definido pela seguinte constatação: nota-se um despreparo muito grande das organizações do terceiro setor, e não está sendo dada a devida atenção a problemas na comunicação visual que têm o potencial de arranhar a imagem ou reputação desses empreendimentos, que deixam de ser um centro de convivência, onde poderiam proporcionar segurança, conforto, estética, sempre em prol do bem-estar comunitário.

Outrossim, percebe-se que muitas organizações pensam em políticas de promoção e divulgação do ambiente sem levar em conta informação e sinalização.

Os empreendedores não se dão conta de que, apesar de sempre tentarem fazer alguma coisa na área de comunicação, e até gastarem bastante com isso, acabam não vendendo um conceito positivo e forte da organização. Isso acontece porque nem tudo o que eles fazem apresenta um conceito único, uma identidade visual, ou seja, suas ações não são aplicadas respeitando um padrão visual.

No Brasil, a notoriedade do tema é mais recente. A grande maioria das organizações não adota de maneira eficaz as mais diversas ações da comunicação visual para divulgar o trabalho social, bem como para angariar recursos e conquistar novos adeptos da causa social.

Salvo exceções, poucas organizações se interessam em trabalhar a comunicação visual nas entidades do terceiro setor no Brasil. Algumas enfatizam somente a importância da captação de recursos financeiros para a auto-sustentação do empreendimento. Esquecem que a comunicação visual é um dos requerimentos fundamentais para captar fundos.

Dondis[3] explicita que, ao longo da evolução, as palavras e os gestos foram tomando formas de símbolos, como o alfabeto e os números, a expressão de um povo que não mais existe, porém

90 Um sensível olhar sobre o terceiro setor

que deixou relatos de sua presença por meio de seus desenhos, tornando possível, hoje, entendermos um pouco sua cultura. Sem dúvida, o homem pré-histórico foi o primeiro a utilizar a técnica da comunicação visual. Gerações se passaram e atualmente não mais utilizamos resinas vegetais, carvão ou pedras. Contamos com modernas técnicas para a produção de imagens, sejam impressas ou digitais.

O que se busca com este artigo é chamar a atenção dos gestores, visando contribuir para maior reflexão sobre um tema que está em estado de maturidade em outros países, mas que ainda é restrito nas organizações do terceiro setor no Brasil: a comunicação visual adequada. Trata-se de uma modesta contribuição aos profissionais que procuram compreender, operar e praticar, de forma adequada, a comunicação visual no ambiente de trabalho. Este estudo nasceu, ainda, da convicção de que a comunicação visual constitui elemento vital para a construção de um universo simbólico, devendo ser vista como matéria-prima das organizações.

Conceito de comunicação visual

Para melhor contextualização de nosso estudo, partimos de uma definição mais abrangente do que é o campo da comunicação visual. Na visão de Munari:

> Praticamente tudo o que os nossos olhos vêem é Comunicação Visual: uma nuvem, uma flor, um desenho técnico, um sapato, um cartaz, uma libélula, um telegrama (excluindo o conteúdo), uma bandeira. Imagens que, como todas as outras, têm um valor diferente segundo o contexto em que estão inseridas, dando informações diferentes.[4]

A comunicação visual se processa mediante mensagens visuais, que fazem parte da grande família de mensagens que atuam sobre nossos sentidos. Mensagem visual é o conjunto de informações emitidas por estímulos visuais. É um dos mais antigos e eficazes meios que permitem ao homem se relacionar socialmente.

Raigada entende por comunicação visual corporativa "um conjunto de manifestações expressivas que fazem a identidade de uma empresa e de seus produtos, permitindo estabelecer diferenciais visuais que se associam a uma organização".[5]

Agradar aos olhos, causar forte impacto visual nas pessoas e fazer que elas assimilem a idéia de uma marca, produto ou símbolo é a finalidade da comunicação visual, uma técnica presente em todos os tipos de mídia, seja *indoor* ou *outdoor* – tais como revistas, jornais, TV, internet, sinalização ambiental, fachadas, totens, *banners*, *folders*, catálogos, *displays*, luminosos etc.

Como observa Frutiger[6], os meios expressivos para a compreensão mútua entre os membros de um grupo ou sociedade sempre foram uma das condições mais importantes para a sobrevivência. Sabidamente, a comunicação visual vem se desenvolvendo a passos largos nos últimos anos. E uma comunicação eficiente traz resultados auspiciosos para os negócios. Urge, portanto, pensar na comunicação de forma estratégica, gerenciando relacionamentos com os diferentes públicos; criando a identidade institucional.

Com o advento da abertura do mercado brasileiro às tecnologias largamente utilizadas nos países desenvolvidos, os padrões de serviços oferecidos no ramo da comunicação visual nas organizações sofreram fortes alterações tecnológicas, passando a oferecer produtos diferenciados, com qualidade técnica dos recursos altamente superior à dos até então utilizados no país.

A globalização e a revolução tecnológica impõem desafios crescentes que impelem as organizações a atualizar seus processos e valores. A mudança no conceito de comunicação visual passa a configurar o cotidiano empresarial na busca de vantagem competitiva.

Nesse contexto, há dois segmentos:

▶ Comunicação visual dinâmica – Envolve qualquer de meio de comunicação que apresente movimentos próprios (televisão, cinema, teatro etc.). Esses meios são principalmente complementados por sistemas de comunicação auditivos e sonoros.

▶ Comunicação visual estática – Procura estimular o mercado-alvo por meio de técnicas de informação fixas (revistas, jornais, sinalização em ambientes temáticos etc.).

Com esse novo enfoque, as interações comunicativas constituem a matéria-prima de uma arquitetura organizacional que deve ser vista como parte integrante de todo o sistema de comunicação, visando informar, motivar e integrar os públicos interno e externo de qualquer organização.

A comunicação visual no terceiro setor: por uma nova abordagem

Cresce a confiança depositada nas instituições de um setor em constante e forte expansão no Brasil e no mundo: o terceiro setor. Nele, as organizações são privadas, sem fins lucrativos e complementam as iniciativas dos setores governamental e privado no atendimento de diversas necessidades da sociedade e na formação de um sistema econômico mais justo e democrático.

Segundo Hudson[7], o termo "terceiro setor" diferencia as organizações do setor privado e do setor público. O traço comum que une todas essas instituições é que são orientadas por valores: são criadas e mantidas por pessoas que acreditam que mudanças são necessárias e que desejam, elas mesmas, tomar providências para tanto.

Baseados nisso, Semenick e Bamossy fazem um comentário muito oportuno sobre as entidades que não visam lucro: "Os desafios que enfrentam em relação à comunicação são, em muitos aspectos, muito maiores do que os enfrentados pelas organizações de serviços orientados para o lucro".[8]

A degradação final do ciclo de gestão idealizado ocorre quando as ações dos dirigentes estão quase totalmente desconexas do planejamento de comunicação. Os controles são relacionados com o planejamento global e discutidos, mas ficam distantes das ações de comunicação que acontecem na prática.

Deduz-se que a falta de clareza na comunicação visual de um empreendimento reflete uma confusão na exposição de idéias, bem como na formação de conceitos, comprometendo o sucesso nos negócios.

Assim, é interessante pensarmos em comunicação visual conceitualmente. De acordo com o professor José Carlos M. Manzano, entende-se por conceito algo que tira proveito de um todo. Podemos afirmar que ,"mais do que um conceito", a comunicação visual é um recurso estratégico para o desempenho das organizações.

Os tempos mudaram e o conceito de "comunicação visual" ganha nova dimensão, que certamente contribuirá, de forma planejada e estratégica, até para a sobrevivência dos negócios.

Publicidade e comunicação visual: idéias que se cruzam

Pinho pontua:

Atualmente, em que os produtos e serviços estão disponíveis em variedades e quantidades consideráveis, a publicidade desempenha um papel importante para preencher as necessidades relativas aos bens disponibilizados pelas indústrias nacionais ou multinacionais. Nesse sentido, a publicidade tem entre suas tarefas a *divulgação* e a *promoção* de empresas, marcas e serviços, bem como a *criação, expansão, correção, educação, consolidação* e *manutenção* de mercados para as mesmas marcas, produtos e empresas.[9]

Entretanto, quando bem utilizada, percebe-se que a comunicação visual pode servir como elemento estratégico para destacar virtudes, ressaltar valores e amenizar as debilidades de uma corporação. É notório que a publicidade deveria ocupar lugar de crescente destaque em qualquer programa de desenvolvimento social. Um processo de desenvolvimento mais participativo implica a necessidade da utilização de ferramentas estratégicas de comunicação, integradas em um processo global de planejamento que leve em conta as intervenções sociais e as políticas públicas e sociais. Alguns expedientes, como propaganda da boca para fora, estão se tornando ineficientes e até perigosos. Graças às novas tecnologias de comunicação visual e ao amadurecimento da sociedade, é possível adotar valores e práticas com efeitos positivos para a comunidade, o que pode ser um diferencial competitivo entre as organizações do terceiro setor.

A gestão para resultados é a ferramenta administrativa apropriada para um gerenciamento focado em resultados, que une a missão aos planos de ação que fazem parte do dia-a-dia da organização, e também serve como importante instrumento de comunicação do desempenho, tanto interna como externamente.

Em vista disso, recomenda-se a essas organizações que considerem suas marcas valiosos patrimônios, utilizando seus elementos de identidade visual por meio de uma programação visual adequada. A implantação desses elementos pode ser gradual e progressiva, de forma coerente com as necessidades e os recursos disponíveis, permitindo intensa rotatividade da comunicação visual como alavanca de marketing.

Identidade visual corporativa: elemento vital na formação de imagem

Ribeiro relata que a imagem de uma empresa perante o mercado ultrapassa valores puramente estéticos. Toda empresa ou serviço, embora impessoal, apresenta características de personalidade, seja por meio de seus produtos, seja por sua filosofia empresarial.

A personalidade, traduzida na imagem (marca/símbolo/logotipo), ganha importância fundamental pela constatação de sua existência de forma planejada, abrangendo as várias extensões de relacionamento da organização, como papel de carta, cartão, envelopes, formulários, frotas de veículos, embalagens, uniformes, equipamentos etc.

De acordo com Tavares,

o termo "identidade" deriva do latim: *idem* e *identitas* significam "o mesmo". *Entitas* significa "entidade". Identidade pode significar "a mesma entidade". A idéia de identidade esteve, em um primeiro momento, associada a indivíduos, sendo posteriormente estendida ao campo empresarial e nessa perspectiva indica direção, propósito e significado.[10]

Na definição de Andrade, "identidade significa aquilo que uma organização é e como deseja ser percebida – nos limites do que ela é e tem –, e enquanto imagem é como tal organização é percebida por todos os públicos de interesse".[11]

A identidade visual de uma organização deve, portanto, não só ser tratada como a personalização da marca da organização, mas também ser considerada uma ferramenta estratégica no contexto mercadológico altamente competitivo, objetivando promover mudanças de comportamento na formação da imagem dessa marca, o que ajudará em sua memorização.

Essa mudança de atitudes e comportamento não deve ser realizada apenas pelos membros de um segmento beneficiário específico, mas também por gestores políticos, planejadores sociais, gerentes de projetos e programas sociais, provedores de serviços públicos e seus supervisores.

Melo Neto e Froes elucidam:

Com uma imagem empresarial fortalecida, sujeita a poucos riscos, pois o consenso existe sobre a necessidade de satisfazer e de dar prioridade às carências sociais, e a empresa canaliza sua busca de competitividade para fatores como preço, qualidade, marca, serviços e tecnologia.[12]

No entendimento de Diefenbach,

um programa de identidade corporativa não é mais do que a embalagem e a marca de toda uma companhia. Como uma embalagem, a identidade configura os ingredientes da corporação e possibilita sua comunicação para os mercados e públicos-alvo. Como uma marca, a identidade corporativa diferencia a empresa de modo positivo e memorável, projetando assim uma personalidade única e posicionando adequadamente a companhia no mercado.[13]

Diante do exposto, o conceito de Diefenbach, expressa a abrangência dos elementos de um programa de identidade corporativa: "Um programa de identidade corporativa é essencialmente um 'sistema' – um sistema cuidadosamente projetado de todos os elementos visuais que servem como ponto de contato com os diversos públicos".[14]

A imagem empresarial pode ser definida, de acordo com Vaz, como "um conjunto de idéias que uma pessoa tem ou assimila a respeito de um objeto, e que forma na sua consciência um entendimento particular sobre tal objeto, seja ele um fato, uma pessoa ou uma instituição".[15] Dessa maneira, entende-se que a imagem de uma empresa não é construída isoladamente, devendo ser pautada na mente das pessoas com base em valores, atitudes e crenças.

Cantão sintetiza, entretanto, que "a identidade de uma organização constitui-se importante questão para a compreensão e reforço de seu posicionamento e sua função social. O legado de uma organização é a sua história e a história da comunidade que a acolhe".[16]

Um exame superficial dos conceitos utilizados pelos autores citados nos permite perceber que a comunicação visual ganha um sentido muito mais amplo nos dias de hoje. Assim, para que as organizações do terceiro setor, ou de qualquer outro, tenham sucesso, é imprescindível que adquiram ampla visão da comunicação visual como fator estratégico e conheçam as mais modernas ferramentas disponíveis.

Aspecto psicológico da identidade visual: assumindo posições na mente das pessoas

A comunicação visual exerce também uma função psicológica, daí a relevância de conhecer o que há na mente das pessoas para poder chegar a elas e influenciá-las apropriadamente.

Uchelen[17] faz uma observação importante sobre a associação de idéias no que tange à programação visual: trata-se de um processo semelhante à livre associação usada em psicologia, na qual, se alguém diz *azul*, a resposta associada pode ser *céu*. Uma vez percebida a conexão entre imagem e assunto, deve-se ligar a imagem ao texto ou à ilustração para o leitor.

Concordamos com Uchelen[18] quando ele menciona que a informação e a comunicação precisas são essenciais ao mundo dos negócios, ao dirigente e ao consumidor. Os conceitos que desenvolvemos acerca de nós mesmos são muitas vezes baseados nas informações que possuímos.

Churchill e Peter afirmam, claramente, que a comunicação é vista como um dos elementos do composto de comunicação de marketing – propaganda, vendas pessoais, promoção de vendas e publicidade. Quando produtos ou marcas têm imagens claras, ajudam os potenciais adotantes a entender o valor que está sendo oferecido, ajudando-os no processo de tomada de decisão. Ressaltam, ainda, que "a comunicação de marketing pode ser socialmente responsável na medida em que transmite informações precisas sobre como a organização pode propiciar valor por meio de bens e serviços que satisfaçam uma necessidade legítima".[19]

Na visão de Gomes e Sapiro,

mais do que um simples conceito, a imagem corporativa é um recurso estratégico para o desempenho empresarial. Ela é intangível e abstrata, não podendo ser tocada, vista ou medida em termos absolutos, existindo somente como um conceito na cabeça das pessoas. Mas, ainda assim, trata-se de um dos ativos mais preciosos que uma organização pode obter.[20]

Cantão entende por posicionamento da marca

o ato estratégico de projetar a imagem da organização, de maneira que ocupe uma posição competitiva, distinta e significativa, despertando a percepção dos públicos, podendo até instigar o debate da opinião pública.[21]

Na mesma linha, Torquato[22] menciona que um dos mais valiosos patrimônios da organização é constituído por seu nome, pela marca dos produtos e pela imagem que projeta.

Dessa forma, percebe-se que a comunicação visual, para construir uma imagem homogênea, deve ser um todo, um pacote completo que todos recebem por igual – os mesmos impactos, as mesmas mensagens –, pois só assim vai se construindo uma sólida imagem. Destaque-se uma frase bastante oportuna: "Quem não diz o que é permite que pensem aquilo que não é".

Sinalização ambiental como dispositivo mediador da comunicação corporativa

É importante salientar a questão da sinalização como orientação do ambiente. Como se sabe, a sinalização ambiental representa uma indicação, uma ordem, uma advertência, uma proibição ou uma instrução.

Entende-se por sinalização a utilização de sinais dispostos em placas, nos cenários interno e externo do meio ambiente. Pode ser horizontal ou vertical e classifica-se em sinalização de regulamentação e sinalização adversa.

Na análise de Frutiger[23], o objetivo da sinalização não é apenas comunicar e informar, mas sobretudo produzir uma reação imediata no observador.

Raigada[24] afirma que as sinalizações, em conjunto, cumprem uma função claramente prioritária de mediação social, ao ajustar a apropriação do espaço aos requisitos da organização como sistema.

Outro aspecto que se deve ressaltar é o tema da sinalização para as pessoas desabilitadas e portadoras de limitações físicas. Existe uma lei que determina que todas as peças de sinalização no ambiente organizacional (acessíveis ao toque dos deficientes visuais) sejam gravadas com o alfabeto braile, lei que é, ainda, desconhecida por muitas organizações.

A comunicação visual e sua aplicabilidade nas organizações do terceiro setor

Com o crescimento do terceiro setor e sua profissionalização, pouco a pouco as modernas técnicas de gestão serão incorporadas à área social.

Autores consagrados, como Philip Kotler[25], explicitam que as decisões sobre comunicação e promoções para as organizações que não visam lucro deveriam compreender a atmosfera para se comunicar com seus clientes. Observam, ainda, que um planejamento eficaz dessa atmosfera exige a definição dos mercados-alvo e dos efeitos procurados, a determinação de variáveis-chave da atmosfera e a seleção das combinações sensoriais mais eficientes.

Essa atmosfera é definida por Kotler como

100 Um sensível olhar sobre o terceiro setor

o projeto de meios ambientes de aquisição e consumo, de uma maneira calculada para produzir efeitos cognitivos específicos e/ ou emocionais sobre o mercado-alvo, utilizando-se de elementos visuais para projetar essa atmosfera, que incluem a estrutura exterior, o espaço interior, os *displays* e a apresentação do pessoal da organização.[26]

Dessa forma, sugere-se que as organizações do terceiro setor subsidiem decisões estratégicas que envolvam a exposição de seus produtos e serviços em ambientes internos e externos, aplicando alguns recursos que atendam perfeitamente à necessidade de comunicação visual, como:

> implementar uma estratégia de comunicação, ou seja, executar, em um processo de planejamento social mais abrangente, um conjunto de prescrições e procedimentos para enviar às diferentes populações envolvidas, direta ou indiretamente, a respeito de determinado problema ou questão social, mensagens que divulguem conhecimentos, propiciem atitudes e proponham práticas convenientes para melhorar as condições de vida, de saúde, de direitos ou de educação de um segmento da população;

> elaborar um *Manual de identidade visual*, abordando desde questões de administração de projetos até a implantação do sistema, relacionando os elementos que dão personalidade ao empreendimento – como marca, formato, papelaria básica, fachada externa, luminosos, placas internas, uniformes, crachás, quadros, missão, *take one*, organograma –, com o objetivo de consolidar a imagem institucional da marca no mercado;

> sugerir ações de *merchandising* visual e promoção da organização por meio de peças e artefatos – como *banners*, faixas, cartazes, *displays* –, utilizando-se de recursos modernos disponíveis no mercado, tendo em conta a relação custo–benefício;

Comunicação visual nas organizações do terceiro... 101

▸ elaborar projeto de *programação visual* mediante um plano de comunicações, objetivando captar recursos financeiros para a implementação desse programa, enfatizando a sinalização ambiental, viária e de segurança nas organizações.

Quais são os impactos positivos na implantação da comunicação visual nas organizações do terceiro setor?

Dentre os vários aspectos importantes no que concerne à implantação de uma comunicação visual planejada em uma organização, destacam-se:

▸ desenvolver uma filosofia para a comunicação visual, valorizando o ser humano e sua responsabilidade social, sem perder a personalidade própria do empreendimento;

▸ valorizar, sobretudo, a identidade da marca como fator aglutinador de esforços individuais em prol do bem comum, imprescindível para o crescimento;

▸ obter conforto, orientação, estética e segurança, sempre em prol do bem-estar comunitário, fazendo a organização despertar a capacidade de mobilização que as integram para gerar propostas e ações concretas e exeqüíveis;

▸ ter em mente que investir em comunicação visual é diferencial competitivo, pois a organização angaria recursos e conquista novos adeptos da causa social.

Comunicação visual: custo ou investimento para as organizações do terceiro setor?

Como em qualquer outro investimento, um retorno tangível deve ser demonstrado para que os benefícios resultantes de um projeto sejam superiores a seus custos fixos e variáveis. No setor da comunicação visual, poderão ser apresentadas sugestões para que as organizações possam angariar recursos suficientes para viabilizar um projeto de comunicação visual.

De acordo com Uchelen[27], ao visualizar a idéia a ser transmitida, é possível pensar nos termos mais criativos possíveis. No entanto, deve-se atentar para as limitações – o orçamento, os recursos à disposição – para a confecção da imagem, as necessidades da comunicação. O que precisa ser apresentado tem prioridade sobre o luxo e a beleza dos detalhes.

Incentivos para a captação de recursos financeiros

Segundo Camargo[28], por não envolver transações puramente financeiras e mercadológicas, a receita sustentável é gerada pela conscientização do doador dos benefícios sociais que uma doação é capaz de proporcionar a quem a recebe. Indivíduo algum destinaria parcela de seu patrimônio a uma finalidade obscura, desprovida de informações que evidenciem sua aplicação devida nos trabalhos da entidade.

Nesse ponto, a comunicação visual ganha importância no marketing institucional, que, dentre diversos assuntos, trata principalmente da divulgação da entidade, demonstrando suas atividades mais relevantes perante a sociedade por meio de vídeos institucionais, *folders*, catálogos, internet (embora restrita às organizações do terceiro setor), periódicos informativos, campanhas, patrocínios.

Em síntese, uma estratégia geral de comunicação visual deve despertar a consciência e a participação de indivíduos, mostrando que eles podem ser agentes de transformação, quebrando a estrutura de cegueira e indiferença.

Considerações finais

Não há como negar a importância desse tema nas organizações do terceiro setor. Se, a exemplo das empresas sérias, elas quiserem

Comunicação visual nas organizações do terceiro... 103

permanecer no mercado, devem preocupar-se com a implantação de um programa de comunicação visual.

Apenas para ilustrar, o artigo "Marketing social utiliza mídia metrô de Londres"[29] abordou o crescimento do marketing social e sua profissionalização, fazendo que organizações promovessem campanhas nas mais diversas mídias para divulgar o trabalho social, bem como angariar fundos e adeptos da causa, por intermédio da comunicação visual, instalando painéis pelo percurso das escadas rolantes de várias estações.

Com a campanha no metrô londrino, o telefone de uma organização recebeu um grande número de chamadas, graças ao poder de alcance da mídia metrô. O anunciante obteve um retorno inesperado: adicionou 500 novos voluntários em seu quadro de trabalhadores, indivíduos que estavam interessados em colaborar com o trabalho social da entidade e que afirmaram ter tomado conhecimento da empresa graças à da campanha veiculada no metrô.

Pode-se concluir que as novas oportunidades para as organizações do terceiro setor exigem clareza gerencial. As organizações que se interessam por um projeto de comunicação visual trazem consigo sua cultura, sua missão, seus valores em todas as dimensões. Pergunta-se: isso é possível aqui no Brasil? Se sim, por que não o fazem? É utopia ou realidade? Não estar atento a essa realidade é correr o risco de ficar esquecido, ou melhor: jamais ser conhecido!

Notas

1. *Revista Comunicação Visual*, São Paulo, 2001-2002, p. 3.

2. Modesto Farina, *Psicodinâmica das cores em comunicação*, p. 39.

3. Donis Dondis, *A sintaxe da linguagem visual*, p. 167-8.

4. Bruno Munari, *Design e comunicação visual: contribuição para uma metodologia didática*, p. 65.

104 Um sensível olhar sobre o terceiro setor

5. José Pinuel L. Raigada, *Teoría de la comunicación y gestión de las organizaciones*, p. 196.

6. Adrian Frutiger, *Sinais e simbologia: desenho, projeto e significado*, p. 189.

7. Mike Hudson, *Administrando organizações do terceiro setor*, p. 96.

8. Richard Semenick e Gary Bamossy, *Princípios de marketing: uma perspectiva global*, p. 749.

9. José Benedito Pinho, *Comunicação em marketing: princípios da comunicação mercadológica*, p. 174.

10. Mauro Calixto Tavares, *A força da marca: como construir e manter marcas fortes*, p. 73.

11. Luiz Carlos de Souza Andrade, "Identidade corporativa e a propaganda institucional", p. 115.

12. Francisco P. de Melo Neto e César Froes, *Gestão da responsabilidade social corporativa: o caso brasileiro*, p. 97.

13. John Diefenbach, "The corporate identity as the brand", p. 156.

14. *Ibidem*.

15. Gil Nuno Vaz, *Marketing institucional: o mercado de idéias e imagens*, p. 53.

16. Vânia da Silva Cantão, *Imagem pública da organização. A pertinência da comunicação em relação ao posicionamento da organização*, p. 8.

17. Rod van Uchelen, *Comunicação por imagens*, p. 75.

18. *Ibidem*, p. 119.

19. Gilbert Churchill e Paul Peter, *Marketing: criando valor para os clientes*, p. 446.

20. Mauro Tapias Gomes e Aarão Sapiro, "Imagem corporativa – uma vantagem competitiva sustentável", *Revista de Administração de Empresas*, v. 33, n. 6, p. 84.

21. Vânia da Silva Cantão, *op. cit.*, p. 10.

22. Francisco Gaudêncio Torquato do Rego, *Tratado de comunicação organizacional e política*, p. 97.

23. Adrian Frutiger, *op. cit.*, p. 316.

24. José Pinuel L. Raigada, *op. cit.*, p. 109.

25. Philip Kotler, *Marketing para organizações que não visam o lucro*, p. 230-2.

26. *Ibidem*, p. 233.

27. Rod van Uchelen, *Comunicação por imagens*, op. *cit*, p. 70.

28. Mariângela Franco de Camargo, *Gestão do terceiro setor no Brasil: estratégias de captação de recursos para organizações sem fins lucrativos*, p. 60.

29. *Revista Sinal Extensivo*, São Paulo, mar. 2001, p. 52.

Referências bibliográficas

AGUILAR, Maria José; ANDER-EGG, Ezequiel. *Avaliação de serviços e programas sociais*. Petrópolis: Vozes, 1994.

AICHER, Otl; KRAMPEN, Martin. *Sistemas de signos en la comunicación visual*. Versão de Reinald e Erundina Vilaplana. Barcelona: Gustavo Gilli, 1979.

ANDRADE, Luiz Carlos de Souza. Identidade corporativa e a propaganda institucional. *In*: KUNSCH, Margarida M. Krohling (org.). *Obtendo resultados com relações públicas*. São Paulo: Pioneira, 1997.

ANDREASEN, A. R. "Challenges for the science and practice of social marketing". *In*: GOLDBERG, M. E.; FISHBEIN, M.; MIDDLESTADT; S. E. *Social marketing – theoretical and practical perspectives*. Londres: Lawrence Erlbaum, 1997.

BUENO, Wilson da Costa. *Comunicação empresarial: teoria e pesquisa*. Barueri: Manole, 2003.

CAMARGO, Mariângela F. de *et al. Gestão do terceiro setor no Brasil: estratégias de captação de recursos para organizações sem fins lucrativos*. São Paulo: Futura, 2001.

CANTÃO, Vânia da Silva. *Imagem pública da organização. A pertinência da comunicação em relação ao posicionamento da organização*. Escola de Comunicações e Artes, USP, São Paulo, 2002.

CHANLAT, Alain; BÉDARD, Renée. Palavras, a ferramenta do executivo". *In: O indivíduo na organização: dimensões esquecidas*. São Paulo: Atlas, 1993.

CHURCHILL, Gilbert; PETER, Paul. *Marketing: criando valor para os clientes*. São Paulo: Saraiva, 2000.

DIEFENBACH, John. The corporate identity as the brand. *In*: MURPHY, John M. (ed.). *Branding: a key marketing tool*. Nova York: McGraw-Hill, 1987, p.156-64.

DONDIS, Donis. *A sintaxe da linguagem visual*. 2. ed. São Paulo: Martins Fontes, 1997.

DRUCKER, Peter. *Administração de organizações sem fins lucrativos: princípios e práticas*. São Paulo: Pioneira, 1997.

FARINA, Modesto. *Psicodinâmica das cores em comunicação*. São Paulo: Edgard Blucher, 1990.

FISCHER, R. M. Mudança e transformação organizacional. *In*: FLEURY, M. T. L. (coord.). *As pessoas na organização*. São Paulo: Gente, 2002.

FREITAS, Sidinéia Gomes. "Cultura organizacional e comunicação". In: KUNSCH, Margarida M. Krohling (org.). *Obtendo resultados com relações públicas*. São Paulo: Pioneira, 1997.

FRUTIGER, Adrian. *Sinais e simbologia: desenho, projeto e significado*. São Paulo: Martins Fontes, 1999.

GOMES, Mauro Tapias; SAPIRO, Aarão. Imagem corporativa – uma vantagem competitiva sustentável. *Revista de Administração de Empresas*, São Paulo, FGV, v. 33, n. 6, p. 84-96, nov.-dez. 1993.

HUDSON, Mike. *Administrando organizações do terceiro setor*. São Paulo: Makron Books, 1999.

KOTLER, Philip. *Marketing para organizações que não visam o lucro*. São Paulo: Atlas, 1978.

KUNSCH, Margarida M. Krohling. *Relações públicas e modernidade: novos paradigmas na comunicação organizacional*. São Paulo: Summus, 1997.

MELO NETO, Francisco P. de; FROES, César. *Gestão da responsabilidade social corporativa: o caso brasileiro*. Rio de Janeiro: Qualitymark, 2001.

MORGAN, Gareth. *Imagens da organização*. São Paulo: Atlas, 1996.

MUNARI, Bruno. *Design e comunicação visual: contribuição para uma metodologia didática*. São Paulo: Martins Fontes, 1997.

PINHO, José Benedito. *Comunicação em marketing: princípios da comunicação mercadológica*. Campinas: Papirus, 2001.

_____. *O poder das marcas*. São Paulo: Summus, 1996. (Coleção Novas buscas em comunicação, v. 53.)

PRINGLE, Hamish; THOMPSON, Marjorie. *Marketing social*. São Paulo: Makron Books, 2000.

RAIGADA, José Pinuel L. *Teoría de la comunicación y gestión de las organizaciones*. Espanha: Síntesis, 1997.

REZENDE, Marco Antônio Amaral. *Identidade visual*. São Paulo: Saraiva, 2000.

SEMENICK, Richard; BAMOSSY, Gary. *Princípios de marketing: uma perspectiva global*. São Paulo: Makron Books, 1995.

SILVA, Rafael Sousa. *Diagramação: o planejamento visual gráfico na comunicação impressa*. São Paulo: Summus, 1985.

STRUNCK, Gilberto Luiz. *Identidade visual: a direção do olhar*. Rio de Janeiro: Europa, 1984.

TAVARES, Mauro Calixto. *A força da marca: como construir e manter marcas fortes*. São Paulo: Harbra, 1998.

TORQUATO DO REGO, Francisco Gaudêncio. *Tratado de comunicação organizacional e política*. São Paulo: Pioneira Thomson Learning, 2002.

UCHELEN, Rod van. *Comunicação por imagens*. Rio de Janeiro: Tecnoprint, 1985.

VAZ, Gil Nuno. *Marketing institucional: o mercado de idéias e imagens*. São Paulo: Pioneira, 1995.

Voluntariado, uma vontade de pertencimento

Patrícia Guimarães Gil

A escalada do terceiro setor no Brasil e no mundo, especialmente nos últimos anos, é um tema em intenso debate. Ao mesmo tempo, uma legião de voluntários procura integrar-se no corpo das organizações não-governamentais. Na tentativa de entender ambos os fatos, temos recorrido às mazelas de nossas sociedades, às conseqüências nefastas do neoliberalismo e ao crescente descrédito na política tradicional, entre outras explicações. No entanto, parece haver algo muito além dessa superfície, onde um movimento subterrâneo trabalha para dar forma às expressões coletivas de solidariedade. É aí que acreditamos nascer o impulso individual e voluntário em busca de adesão às causas sociais.

A procura das razões relacionadas com a ebulição do voluntariado é o que nos move neste artigo. Tentaremos aqui esboçar algumas reflexões sobre os abalos mais profundos que, a nosso ver, podem estar ligados à busca do sujeito por um engajamento comunitário nos projetos de cunho social e nas organizações sem fins lucrativos ou à busca por um engajamento individual e isolado nas pequenas ações voluntárias – como na leitura para idosos em asilos e no simples ato de brincar com crianças órfãs. Obviamente, o que vamos expor é apenas uma possível vertente explicativa sobre a qual refletimos, entre tantas outras. Para chegar a elas, não percorremos uma trajetória empírica como seria necessário. Estas linhas são apenas resultado de algumas intrigantes observações, que oferecem mais hipóteses que respostas.

Partimos de algumas dúvidas que surgem ao observarmos o rebuliço cotidiano que toma conta das organizações não-governamentais diante dos voluntários que não param de chegar. Essas questões nos intrigam especialmente por causa da força que o engajamento a projetos sociais tomou na sociedade, estimulado também pela mídia – especialmente a partir de 2001, quando a Organização das Nações Unidas (ONU) promoveu o Ano Internacional do Voluntariado. O Brasil foi considerado o país que mais propagou o tema do voluntariado. Entretanto, esse movimento não se limita a nações subdesenvolvidas, como somos levados a crer. Ora, se o trabalho voluntário nasce, conforme acreditam alguns, do estágio mais agudo de miséria social, como explicar o aumento notável dessas iniciativas em países desenvolvidos? E que grau de consciência cívica é esse que tem tomado conta de pobres e ricos, enquanto, paradoxalmente, o que se nota é uma apatia política – nos termos convencionais de política, relacionada com partidos e representações oficiais de *esquerda* ou *direita*? Acreditamos que é possível buscar pistas para essas e outras relações por meio da necessidade do sujeito de pertencer, de se integrar, de se amarrar sem se prender, diante de um mundo em processo de esfacelamento.

Uma estranha melancolia

O ser humano tenta a todo instante superar suas limitações. Sua restrita ação diante dos percalços da vida, seu caminhar em direção à morte, sua fraqueza ante o inesperado, sua solidão perante os movimentos e coisas uniformizantes; todas essas sensações colorem a cotidiana experiência individual. O sujeito é sempre um ser incompleto e isolado. A noção consciente de sua insuficiência o move para a necessária integração à coletividade, em busca de trocas simbólicas que respondam pela complementaridade entre seus pares.

É muito difícil imaginar que esse processo se efetue em completa paz de espírito entre os homens. O conflito reside na origem do movimento. O juntar-se é provocado pelo conhecimento dos limites de cada um. Diante desse mal-estar, diz Michel Maffesoli, há dois caminhos possíveis. O primeiro é o da clausura, do "grande fechamento da individualidade confrontada à sua morte inelutável e, conseqüentemente, paralisada por uma abulia insuperável."[1] Já o segundo caminho é o do reconhecimento do fim exterior, que, no lugar da inércia, estimula a experiência intensa, a "potência afirmativa" no presente, o viver a cada dia. É não se deixando aprisionar que os indivíduos saem em busca de suas complementações, por meio das trocas de bens, de afetos, de habilidades, de companhias. Para Maffesoli, esse tenso caminhar é tomado por um sentimento melancólico. Ele compõe os pequenos acontecimentos da vida rotineira, que escapam às estruturas dominantes. "Já é tempo de se considerar essa tristeza coletiva que se manifesta constantemente, com mais ou menos acuidade, no curso das histórias humanas."[2] Para nós, é essa melancolia que culmina no "querer viver" e no estar junto.

Em linhas gerais, acreditamos que toda a iniciativa do voluntariado está recheada dessa consciência agonizante da limitação individual. O ato de associar-se é um atestado de insuficiência e uma prova da junção necessária. A melancolia resiste nesse reconhecimento, em sua forma cotidiana, na constante tentativa de exaurir as possibilidades diárias do presente.

É pela complementaridade entre uns e outros que as ações voluntárias se tecem, para que um movimento social se construa, seja pela proteção da natureza, seja pela promoção da infância, da defesa do consumidor, entre tantas causas lideradas pelas organizações do terceiro setor. O complemento se dá justamente pela diferença de cada um. O "eu" difere do "outro" por suas limitações e por suas vocações. Por isso, o que se busca no engajamento voluntário às causas sociais não é a junção em número de adeptos nem a uniformização de ações que, em volume, possam tornar-se fortes. O que se verifica é a necessária manutenção das diferenças, para que a complementaridade se realize. Assim, a solidariedade reside no que é plural. Sem ela, parece difícil a vida comum se concretizar. A alteridade representa necessariamente uma fratura que permite a distinção do indivíduo. Na impossibilidade de suturar essa abertura, o que buscamos são encaixes entre uns e outros, entre nós e nossos próximos.

Estar junto

Mas não é apenas na busca das possíveis extensões de suas capacidades que o indivíduo se relaciona em comunidade. O "estar junto" carrega outros sentidos relacionados com o crescimento do voluntariado nos dias de hoje. Para tanto, recorremos ao conceito de comunidade, exposto por Zygmunt Bauman. Com base nele, poderemos entender melhor essa vontade de pertencer, de fazer parte.

A noção de comunidade, diz Bauman, é sempre agradável e convidativa.

Para começar, a comunidade é um lugar "cálido", um lugar confortável e aconchegante. É como um teto sob o qual nos abrigamos da chuva pesada, como uma lareira diante da qual esquentamos as mãos em um dia gelado. Lá fora, na rua, toda sorte de perigo está à espreita [...]. Aqui, na comunidade, podemos relaxar – estamos seguros...[3]

Fazemos parte de uma comunidade quando temos algo que nos identifique com os demais membros, que nos ligue de algum modo e promova o entendimento comum. É na comunidade que nos apaziguamos, que respiramos aliviados, que nos despimos de nossas máscaras. Em "nosso meio", somos compreendidos, aceitos, incluídos. Nossas diferenças são sempre pacíficas e, de certa forma, úteis. Mas onde está esse aconchego que não conseguimos encontrar na realidade?

Segundo Bauman, essa comunidade não existe. É mero fruto de nossa imaginação. Para pertencermos a essa comunidade de maneira que nos resguardássemos, as normas de conduta teriam de ser absolutamente rígidas. Caso contrário, seus limites seriam facilmente rompidos e a proteção de todos estaria ameaçada. Em busca de segurança, estaríamos entrando, mais precisamente, em uma jaula. As identidades plurais dos membros da comunidade, em vez de serem respeitadas e mantidas em suas diferenças, precisariam ser enquadradas para que a desigualdade não fosse longe demais, forçando a abertura dos portões que nos guardariam em segurança.

Embora a comunidade sonhada não possa existir em nosso dia-a-dia, o ser humano continua sua incessante busca de um mínimo de segurança, liberdade e acolhida. O que ocorre hoje, no entanto, é uma dificuldade ainda maior de nos apoiarmos em suportes mais consistentes. Temos vivenciado a volatilidade no mundo do trabalho, na vida afetiva, na estrutura familiar, nas (outrora) grandes causas. Bauman descreve a mutação dos pilares sólidos para a vivência "líquida" que hoje experimentamos. Anteriormente, a estabilidade no mundo do trabalho, representado pelos escritórios e pelas sedes industriais das empresas, trazia-nos certa sensação de segurança. Tecido nas operações diárias, rotineiras, "o trabalho podia razoavelmente ser visto como uma vocação ou a missão de uma vida: como o eixo em torno do qual o resto da vida se resolvia e ao longo do qual se registravam as realizações".[4] Contudo, na contemporaneidade, perdemos essa referência de "durabilidade" ou mesmo de real.

As firmes corporações deixam de existir sem mais explicações. Com elas, vai-se também toda a dimensão do testemunho diário dos colegas de trabalho, da edificação de projetos em comum. Os vizinhos se mudam antes que tentemos uma aproximação. Os relacionamentos afetivos na família e no casamento se evaporam antes que possam se solidificar. "Nada dura o suficiente para ser absorvido, tornar-se familiar e transformar-se no que as pessoas ávidas de comunidade e lar procuravam e esperavam."[5]

Diante disso, somos levados a crer que nossa associação ao coletivo e às iniciativas sociais voluntárias é motivada pela tentativa de pertencermos a algo que supere nossa existência finita e nossas limitações irredutíveis. Fazer parte de uma organização empresarial ou "social" está relacionado com a tentativa de nos incorporarmos, de certa forma, a algo que se perpetue por mais de uma geração.[6] Tentamos deixar nossa marca, ainda que para nós mesmos, de nossa passagem. Contudo, quando nos apercebemos da liquefação das estruturas nas quais tentamos nos incluir, é como se perdêssemos o chão sob os pés. Vivenciamos então a melancolia em seu auge, que Bauman descreve tão bem:

> Em suma: foi-se a maioria dos pontos firmes e solidamente marcados de orientação que sugeriram uma situação social que era mais duradoura, mais segura e mais confiável do que o tempo de uma vida individual. Foi-se a certeza de que "nos veremos outra vez", de que nos encontraremos repetidamente e

por um longo porvir – e com ela a de que podemos supor que a sociedade tem uma longa memória e de que o que fazemos aos outros hoje virá a nos confortar ou perturbar no futuro; de que o que fazemos aos outros tem significado mais do que episódico, dado que as conseqüências de nossos atos permanecerão conosco por muito tempo depois do fim aparente do ato – sobrevivendo nas mentes e feitos de testemunhas que não desaparecerão.[7]

Richard Sennett explora, da perspectiva do trabalho, as conseqüências da flexibilidade no novo capitalismo e do regime de riscos sobre o caráter do indivíduo. Por meio da experiência empírica com trabalhadores que se viram "vítimas" do regime flexível adotado pelas empresas, o autor remete ao argumento de que, em vez de os sujeitos se libertarem das rotinas cartesianamente controladas nas fábricas e escritórios, eles foram afogados pela prisão imposta pela constante incerteza que passou a rondar sua vida. Uma série de dúvidas toma conta de homens e mulheres. Sennett pontua algumas delas, de maneira bastante clara:

> Como se podem buscar objetivos de longo prazo em uma sociedade de curto prazo? Como se podem manter relações sociais duráveis? Como pode um ser humano desenvolver uma narrativa de identidade e história de vida em uma sociedade composta de episódios e fragmentos?[8]

É nesse contexto que, a nosso ver, insere-se o movimento crescente do voluntariado. Ele se distingue ainda mais com a decadência das estruturas tradicionais que abrigavam os indivíduos. Passamos então a tatear novos "lugares" em que pudéssemos nos inserir. Ao contrapor a "modernidade fordista" à "pós-modernidade flexível", David Harvey afirmou que essa flexibilidade gerou, por outro lado, "fortes compromissos com o Ser e com o lugar, uma inclinação para a política carismática [...]".[9] O autor remete

Voluntariado, uma vontade de pertencimento   115

a questão a Habermas, ao expor um movimento reverso, mas ao mesmo tempo convergente, entre esses dois tempos. Enquanto a modernidade fordista se caracterizou pela rigidez de seu "aparelho político-econômico", a pós-modernidade flexível procurou compensar sua instabilidade nesse campo ao valorizar os "lugares estáveis do ser" e a "geopolítica carismática".[10] Esse voltar-se para as dimensões sensitivas, interiores, menos instrumentalizadas ou mecânicas, demonstra a busca pelo sujeito da firmeza perdida.

Nesse movimento, esbarramos no crescimento do voluntariado. A intangibilidade das relações e das coisas com as quais nos identificávamos acabou também por motivar a busca de inserção em organizações que não seguissem necessariamente o critério da materialidade. Não é de estranhar que tantas pessoas se associem como voluntárias a entidades sociais sem sede, sem estrutura organizacional, sem lógica de desenvolvimento progressivo possibilitado pelos recursos obtidos. Um exemplo próximo é um grupo de voluntários que se reúne mensalmente em São Paulo para a distribuição de alimento quente aos moradores de rua, em plena madrugada, no centro da cidade. Não é mais a idéia de progresso do trabalho, de concretização de projetos, de prosseguimento na vida que sustenta essas ações: é o ato de estar junto e de, naquele instante, estabelecer uma relação com pessoas absolutamente ignoradas na grande metrópole – uma relação que se dá pelo mais básico componente da existência, o alimento, que permite àqueles que são servidos viver mais um dia. No mês seguinte, esses voluntários se encontrarão mais uma vez para se integrar nessa ação noturna, mantendo, assim, o mínimo ritual do cotidiano que eles mesmos podem ditar.

A prática do voluntariado está também relacionada com uma tentativa de pertencimento que esteja sob nosso conduzir. A própria palavra traz a noção de vontade própria e de liberdade de ação. De um lado, um passado de certa prisão, determinada pela excessiva normatização do ambiente de trabalho e dos relacionamentos tecidos pela "deusa" racionalidade; de outro, a extrema volatilização, que aconteceu sem que estivéssemos preparados nem fôssemos consultados – apesar de ser resultante da ação humana automatizada. É na busca do meio-termo que ocorre a tentativa de se amarrar sem se prender. O vínculo, como voluntário de um projeto social, é tênue, mas o ligar-se e o desligar-se dele são opções individuais, com todas as conseqüências afetivas e morais que essas decisões possam acarretar.

Intimidade voluntária

Certa vez, uma pessoa engajada no movimento do terceiro setor comentou que só há dois caminhos convidativos para que um indivíduo se torne voluntário: pelo amor ou pela dor. Portanto, sua vinculação (mesmo que haja uma tentativa de empresas e governos para normatizar a atitude voluntária como recomendável) dependeria exclusivamente de motivações íntimas. É intrigante observar como dimensões tão particulares da existência de cada um estariam por delinear uma expressão coletiva de tamanhas proporções. Concordamos que o voluntariado seja um movimento originado de manifestações individuais, que geram uma riqueza cívica notável. Em comum entre os diversos países em que existe essa prática parece realmente estar, conforme já argumentado aqui, a vontade do indivíduo de pertencer a uma comunidade real, baseada em alicerces que combinem bem-estar e segurança. Estamos todos em busca de algum tipo de conforto.

> Por mais que prezem sua autonomia individual, e por mais confiança que tenham em sua capacidade pessoal e privada de defendê-la com eficiência e dela fazer bom uso, os membros da elite global por vezes sentem necessidade de fazer parte de alguma coisa. Saber que não estamos sós e que nossas aspirações pessoais são compartilhadas por outros pode conferir segurança.[11]

Voluntariado, uma vontade de pertencimento 117

Mas não é apenas da individualidade, da busca de realização das sensações e necessidades íntimas que se constrói o cotidiano nesse cenário pós-moderno. "A vida cotidiana é a vida do indivíduo. O indivíduo é sempre, *simultaneamente, ser particular e ser genérico*", como diz Heller.[12] Por "ser genérico" entende-se tanto o sujeito que age socialmente como o homem "que é produto e expressão de suas relações sociais, herdeiro e preservador do desenvolvimento humano".[13] Dessa forma, não é possível conceber que o voluntário atue nas causas sociais com suas motivações particulares isoladas. É inevitável que ele o faça socialmente, com todas as significações que isso possa ter. É cada vez mais social na medida em que o voluntariado tem embutida essa vontade de pertencimento. Maffesoli escreveu que via "o novo vínculo social (*ethos*) surgindo a partir da emoção compartilhada ou do sentimento coletivo".[14] E a pós-modernidade, segundo ele, caracterizaria-se pelo elo entre ética e estética. Estaríamos, pois, diante de um novo paradigma: "Em vez de dominar o mundo, em vez de querer transformá-lo ou mudá-lo – três atitudes prometeanas –, nós nos dedicamos a nos unirmos a ele através da 'contemplação'".[15]

O voluntariado, adaptando o conceito de Maffesoli, seria uma espécie de "tribo" na qual os indivíduos se reúnem não como iguais, mas como diferentes. O essencial nessa caracterização seria o "processo de desindividualização", no sentido de ruptura com a representação social meramente funcional e predeterminada dos indivíduos. Refere-se também a essa estranha pressão para o estar junto, para o viver comunitário. Levando em consideração que, para Bauman, comunidade não é mais que utopia, concordamos também com Maffesoli quando afirma que "não se trata mais da história que construo, contratualmente associado a outros indivíduos racionais, mas de um mito do qual participo".[16]

A "comunidade voluntária", seguindo a tentativa de aproximação com os autores analisados, assemelharia-se com a "comunidade afetiva" descrita por Weber e resgatada por Maffesoli. Caracteriza-se pelo "aspecto efêmero, a 'composição cambiante', a inscrição local, 'a ausência de uma organização' e a estrutura cotidiana".[17] Em nossa reflexão sobre o voluntariado, teríamos, de um lado, uma tentativa individual de se inserir e pertencer ao comum coletivo; de outro, um viés sensitivo sobre o racional – tudo isso exposto no cotidiano, a matriz da vivência coletiva e individual. É na combinação humana de "idealismo e arraigamento mundano" que se "assegura uma forma de solidariedade, de continuidade através das histórias humanas".[18]

Estaríamos vivendo um momento de supervalorização do tempo presente e do prazer, em lugar do racional – como apregoam os estudos sobre a episteme pós-moderna. A disseminação da prática do voluntariado se insere nesse contexto. Podemos recorrer novamente a Maffesoli para rever a racional de cada tempo histórico:

> De toda maneira, sob qualquer denominação que se lhe dê (emoção, sentimento, mitologia, ideologia), a sensibilidade coletiva, ultrapassando a atomização individual, suscita as condições de possibilidade para uma espécie de "aura" que vai particularizar tal ou qual época: como a aura teológica da Idade Média, a aura política no século XVIII, ou a aura progressista no século XIX. É possível que se assista, agora, à elaboração de uma *aura estética* onde se reencontrarão, em proporções diversas, os elementos que remetem à pulsão comunitária, à propensão mística ou à perspectiva ecológica.[19]

A dimensão ética

O que nos interessa nesse raciocínio, se voltarmos a atenção para nosso objeto de análise – a ascensão do voluntariado – é a dimensão sensitiva que está intimamente vinculada à dimensão ética. Até o momento, falamos, em especial, de sentimentos, com ênfase nas expressões individuais. No entanto, ao reconhecermos, na moti-

Voluntariado, uma vontade de pertencimento 119

vação para o voluntariado, a essência da vontade de pertencimento, estamos nos deslocando inevitavelmente ao coletivo, a nossos próximos. É no coletivo que procuramos nos encontrar, lá onde nos perdemos. Contudo, no momento em que nos engajamos no movimento voluntário, vamos em direção a uma das brechas desse coletivo, no qual as relações afetivas são mais demandadas e a atuação de cada um ainda garante um quê de liberdade.

Forçando as portas da *privacy*, o sentimento ganha espaço, ou, em certos países, reforça sua presença no espaço público e produz uma forma de solidariedade que não se pode mais ignorar. É necessário notar que, além do desenvolvimento tecnológico, essa solidariedade reinvestiu a forma comunitária que acreditávamos haver ultrapassado.[20]

Esse agir coletivo carrega consigo uma dimensão ética, com a qual o voluntariado está fortemente imbricado. A entrega (livre) de si mesmo a uma causa social, ainda que em um engajamento superficial (que não chega ao cerne do problema), não poderia mesmo se resumir a uma explicação sobre o sensitivo e o interesse individual de inclusão em dada comunidade.

O que tentamos mostrar é que, se o voluntariado surge de uma pulsão individual – não sendo um movimento de "insuflação" coletiva –, não está inserido naquele individualismo pejorativo que tanto criticamos. Giddens afirma que assistimos a um "novo individualismo", que representa um romper com a tradição preponderante na modernidade, com o interesse pessoal. Está mais relacionado com o ato de assumir responsabilidades mútuas pela sociedade. Aquele sentido interesseiro de individualismo é qualificado por Maffesoli como "um *bunker* obsoleto, e como tal merece ser abandonado".[21]

Essa nova vivência cotidiana tem também um lado político que alguns acreditam estar adormecido. Para Giddens, os grupos

Um sensível olhar sobre o terceiro setor

que se formam em torno, por exemplo, das organizações não-governamentais praticam "subpolíticas", contrapostas à imobilidade da política conduzida pelos Estados – especialmente nos países em desenvolvimento, como o Brasil. Daí talvez venha a explicação de que o movimento voluntário é a nítida expressão de que estamos todos cansados de esperar pela ação governamental e, por isso, resolvemos agir por conta própria, na tentativa de promover bem-estar social aos mais necessitados que estão a nossa volta. Se isso é verdadeiro, então não estaríamos vivendo um momento de despolitização, mas de atitudes políticas lideradas localmente. No Brasil, esse posicionamento político beira a concorrência com as vias oficiais. À medida que as iniciativas governamentais passam a lidar também com recursos doados pela população – aproveitando-se da escalada do terceiro setor e das aparentes preocupações sociais que movem aqueles em busca de compensação para uma vida material fragmentada –, as organizações independentes da sociedade civil começam a enfrentar o problema da escassez de recursos em seu ponto máximo. A disputa pelas doações acaba então ganhando o terreno político oficial, por meio da mídia. O protesto das organizações não-governamentais é repercutido pela imprensa e passa a significar uma oposição política frontal ao poder estabelecido.

Isso significa que o que tentamos defender é a conceituação do voluntário como um sujeito político em suas práticas altruístas? De certa forma, sim. Parece paradoxal que esse sujeito político e, portanto, engajado seja aquele mesmo que descrevemos como o que procura amarrar-se sem se prender. Mas não é. Mesmo quando não invade o espaço político oficial, o voluntário, de maneira geral, tem atitudes políticas por se inserir no terreno do comum, participando de iniciativas voltadas para problemas que dizem respeito ao coletivo. Essa realização, no entanto, se dá pela pulsão individual, assim como pela busca de uma nova relação com a comunidade e de "uma redefinição de direitos e obrigações".[22]

Os grupos responsáveis por ações voluntárias são, na verdade, pontos de apoio mútuos para aqueles que nele se integram. Ao mesmo tempo, demonstram uma vida cívica rica. Giddens cita um estudo de Peter Hall que demonstra o crescimento do trabalho voluntário nos últimos quarenta anos na Grã-Bretanha. Estima-se que aproximadamente 20% daquela população realiza alguma atividade voluntária durante o curso do ano médio.[23] No Brasil, segundo pesquisa do Ibope, 18% dos brasileiros entrevistados (7.700 pessoas foram ouvidas no levantamento) afirmam que já fizeram ou estão fazendo alguma ação voluntária. Vale destacar a grande concentração de jovens nesse "exército".[24]

Conclusão

Para concluir este artigo, podemos amarrar as pontas de nosso raciocínio. Defendemos que a vontade de participar de determinada ação surge de motivações individuais, expressas em uma vontade de pertencimento que se dirige à inclusão coletiva. Essas pulsões se intensificam em nossa "modernidade líquida", quando perdemos as referências sólidas que nos envolviam rotineiramente. A volatilidade das relações que passamos a experimentar neste novo tempo nos conduziu a uma dimensão de vida agora liderada por nossas sensações e especialmente pela busca de nossas satisfações no aqui e no hoje. Ao mesmo tempo, tentamos nos apegar com todas as forças às rédeas da vida, para que ela também não seja levada pela evaporação de nosso estável mundo que se foi. É assim que, voluntariamente, procuramos estar juntos nas organizações sociais, superar nossas limitações, complementar-nos. De todas essas expressões individuais manifestas em um espaço coletivo, atingimos uma aura cívica que fecha o ciclo dessa história. A reintegração social é um processo que buscamos construir por meio da ética: ela nos une, move-nos a um desejo comum de estarmos juntos. Essa mesma ética motiva a nova política que aflora em meio às ações sociais voluntárias e se debate com o Estado, no pleno uso do espaço público. E, assim, esse homem social que se movimenta entre as esferas pessoal e coletiva, aproveitando-se das diferenças para incluir o *outro*, segue sua jornada pela vida.

Notas

1. Michel Maffesoli, *A conquista do presente*, p. 91.

2. *Ibidem*.

3. Zygmunt Bauman, *Comunidade: a busca por segurança no mundo atual*, p. 7.

4. *Ibidem,* p. 45-6.

5. *Ibidem*, p. 46.

6. Essa dimensão psicológica do ato de associar-se às empresas nas quais trabalhamos é exposta por Morgan na metáfora das organizações como prisões psíquicas. Sobre esse aspecto, ver Gareth Morgan, *Imagens da organização*.

7. Zygmunt Bauman, *op. cit.*, p. 48

8. Richard Sennett, *A corrosão do caráter: conseqüências pessoais do trabalho no novo capitalismo*, p. 27.

9. David Harvey, *Condição pós-moderna*, p. 305.

10. *Ibidem*.

11. Zygmunt Bauman, *op. cit.*, p. 60

12. Agnes Heller, *O cotidiano e a história*, p. 20.

13. *Ibidem*, p. 21.

14. Michel Maffesoli, *O tempo das tribos: o declínio do individualismo nas sociedades de massa*, p. 21.

15. *Ibidem*.

16. *Ibidem*, p. 15.

Voluntariado, uma vontade de pertencimento   123

17. *Ibidem*, p. 17.

18. *Ibidem*, p. 19.

19. *Ibidem*, p. 20.

20. *Ibidem*, p. 23.

21. *Ibidem*, p. 14.

22. Anthony Giddens, *A terceira via: reflexões sobre o impasse político atual e o futuro da social-democracia*, p. 75.

23. *Ibidem*, p. 91.

24. Wilson da Costa Bueno, *Comunicação empresarial: teoria e pesquisa*.

Referências bibliográficas

BAUMAN, Zygmunt. *Comunidade: a busca por segurança no mundo atual*. Rio de Janeiro: Jorge Zahar, 2003.

BUENO, Wilson da Costa. *Comunicação empresarial: teoria e pesquisa*. Barueri: Manole, 2003.

GIDDENS, Anthony. *A terceira via: reflexões sobre o impasse político atual e o futuro da social-democracia*. 3. ed. Rio de Janeiro: Record, 2000.

HARVEY, David. *Condição pós-moderna*. 12. ed. São Paulo: Loyola, 2003.

HELLER, Agnes. *O cotidiano e a história*. Trad.: Carlos Nelson Coutinho, Leandro Konder. 2. ed. Rio de Janeiro: Paz e Terra, 1985.

MAFFESOLI, Michel. *A conquista do presente*. Trad.: Maria C. de Sá Cavalcante. Rio de Janeiro: Rocco, 1984.

_____. *O tempo das tribos: o declínio do individualismo nas sociedades de massa*. 3. ed. Trad. Maria de Lourdes Menezes. Rio de Janeiro: Forense Universitária, 2000.

MORGAN, Gareth. *Imagens da organização*. 2. ed. São Paulo: Atlas, 2002.

SENNETT, Richard. *A corrosão do caráter: conseqüências pessoais do trabalho no novo capitalismo*. 7. ed. Rio de Janeiro: Record, 2003.

Responsabilidade social empresarial: um brado que ecoa

Sérgio Bialski

A velocidade das mudanças que ocorrem em todos os campos impele a um novo comportamento das organizações perante seus públicos. Elas passam a se preocupar mais com as reações sociais, com os acontecimentos políticos e com os fatos econômicos mundiais. Nesse contexto, o planejamento de políticas aptas a responder aos novos anseios e exigências adquire uma significação cada vez maior, como uma necessidade para o presente e um investimento para o futuro.

Foi-se o tempo em que o primeiro setor (representado pelo Estado) era o único agente capaz de promover o bem-estar coletivo. A co-responsabilidade dos demais setores (iniciativa privada e sociedade civil organizada), embora não possa substituir o papel estatal, deve auxiliar na redução das desigualdades, principalmente em nossos dias, quando assistimos, atônitos, ao aprofundamento do processo de globalização e às perversas conseqüências do neoliberalismo pelo mundo.

O antropólogo argentino Nestor Canclini, quando estudou os vínculos entre consumo e cidadania, alertou para a necessidade de termos uma visão integral dos problemas, dirigindo nosso olhar aos grupos em que há uma multiplicação das carências. Segundo ele,

a maneira neoliberal de fazer a globalização consiste em reduzir empregos para reduzir custos. A conseqüência de tudo isto é que mais de 40% da população latino-americana se encontra privada de trabalho estável e de condições mínimas de segurança, sobrevivendo nas aventuras também globalizadas do comércio informal, da eletrônica japonesa vendida junto a roupas do Sudeste Asiático, a ervas esotéricas e artesanato local, em volta dos sinais de trânsito.[1]

É inadmissível que as organizações, no mundo globalizado, se pautem por uma política de indiferença, fechando-se para o que ocorre na sociedade. Ao contrário, elas têm de assumir compromissos cada vez mais claros diante de seus públicos e comunicá-los amplamente. Para Torquato,

a empresa deve fazer mais do que atualmente tem realizado, ampliando sua ação na sociedade, com a finalidade de comprometer-se com determinados valores e desviar-se de imperfeições e conseqüências maléficas do industrialismo, tais como a poluição ambiental, a negligência para com o consumidor e as péssimas condições de ambiente de trabalho para com os funcionários.[2]

Aos observadores atentos, a mudança refletida também no comportamento dos empregados deve ser levada em conta. A velocidade das transmissões de informações influencia diretamente suas atitudes. Eles lêem revistas e jornais, acessam a internet e participam de programas de treinamento mais amplos. Daí nasce uma consciência e uma série de preocupações em relação à empresa, principalmente quando verificam que ela não pode mais se abster do debate social.

Essa consciência já faz os trabalhadores questionarem a própria organização, sua cultura e sua administração. Podem não saber definir o que é responsabilidade social e como descrever suas influências, mas passam a entender que, sem ela, a organização poderá perecer diante da brutal concorrência de hoje.

Sábias são as palavras de Octavio Ianni, que contribuem para a compreensão dessa transformação da mentalidade e mudança de cultura: "Tudo se globaliza e virtualiza, como se as coisas, as gentes e as idéias mudassem por magia. A onda modernizante não pára nunca, compreendendo ações, relações, reflexões e cultura espalhados pela aldeia global".[3]

Para uma organização enfrentar a concorrência, crescer e se desenvolver, todos devem desejar a cooperação, e esta precisa começar dentro da empresa, com a participação e o apoio da alta direção. É importante evidenciar a necessidade da organização de valorizar e envolver seus funcionários. Em uma obra estimulante, Antonio Damasio sustenta que "a capacidade de exprimir e de ressentir emoções é indispensável ao desenvolvimento dos comportamentos racionais e, quando ela intervém, exerce o papel de nos indicar a boa direção".[4] Isso significa que todos nós, como produto que somos de relações sociais, precisamos resgatar a afetividade como elemento essencial de nossa qualidade de vida em grupo, auxiliando na construção de uma sociedade mais justa e solidária.

Cândido Teobaldo, há décadas, referia-se ao público interno como "embaixadores da boa vontade". Essa expressão, muito comum nos livros mais antigos, cedeu lugar a neologismos como "colaboradores", com base no estabelecimento de uma relação de parceria e compromisso, em que não há mais lugar para o paternalismo. Desejem ou não os administradores, a cultura organizacional não se transforma, a não ser que o público interno realmente deseje, entenda e aceite a mudança.

Trabalhar o conceito de responsabilidade social em uma empresa significa lidar com a sensibilização, envolvimento e convencimento. Essa tarefa começa "dentro de casa", respeitando os funcionários, pagando-lhes salário justo e em dia, fazendo-os participar dos lucros e resultados, preocupando-se com sua qualidade de vida, promovendo seu crescimento e realização pessoal e valorizando a diversidade. Trata-se, portanto, de uma filosofia de atuação integrada aos valores éticos da organização, que transcende os ditames legais, por ela acreditar que assim se promove a justiça social.

De acordo com o Instituto Ethos de Responsabilidade Social,

> é uma exigência cada vez mais presente a adoção de padrões de conduta ética que valorizem o ser humano, a sociedade e o meio ambiente. Relações de qualidade constroem-se a partir de valores e condutas capazes de satisfazer necessidades e interesses dos parceiros, gerando valor para todos. Empresas socialmente responsáveis estão mais bem preparadas para assegurar a sustentabilidade a longo prazo dos negócios, por estarem sincronizadas com as novas dinâmicas que afetam a sociedade e o mundo empresarial. O necessário envolvimento de toda a organização na prática da responsabilidade social gera sinergias, precisamente com os públicos dos quais ela tanto depende, que fortalecem seu desempenho global.[5]

Não nos iludamos: responsabilidade social organizacional não pode ser confundida com simples atividades de ajuda social, por mais louváveis que estas sejam. Empresas como Enron e WorldCom também tinham projetos de auxílio à sociedade. Faliram, contudo, pois não entenderam que uma postura de transparência e ética é essencial

128   Um sensível olhar sobre o terceiro setor

para uma organização manter-se viva. Quando não se prevêem os resultados das ações empresariais, antecipando seus possíveis desdobramentos e impactos em todos os públicos, não se é socialmente responsável. Foi-se o tempo em que a gestão empresarial considerava apenas os interesses dos acionistas (*shareholders*). Outras partes interessadas vinculam-se à organização e devem ser levadas em conta. São os chamados *stakeholders*, que incluem, além dos empregados, clientes, fornecedores, concorrentes, governo e sociedade.

Para Melo Neto e Froes, a empresa socialmente responsável atua em três frentes:

1) Na adoção dos valores éticos, a empresa inicia sua cultura socialmente responsável, cumprindo com suas obrigações éticas, morais, culturais, econômicas e sociais.

2) Na difusão dos valores éticos, a empresa, já com seu padrão ético estabelecido, começa a desenvolver projetos e ações.

3) Na transferência de valores éticos é que a empresa assume definitivamente um papel socialmente responsável. Seus projetos e ações tornam-se sustentáveis, e os resultados obtidos asseguram uma melhoria da qualidade de vida no trabalho e na comunidade.[6]

A visão desses autores, segundo a qual podemos entender que há uma espécie de "relação mutualística" entre organizações e seus públicos, favorecendo ambos, aproxima-se do moderno modelo de comunicação "simétrica de mão dupla", preconizado por Grunig e Hunt, que privilegia o equilíbrio de interesses.

De acordo com esse autores[7], há quatro modelos que caracterizam a prática das relações com os diferentes públicos ao longo da história – e mesmo em nossos dias – e que convém destacar aqui.

O primeiro modelo proposto é considerado o mais antigo e predominante. É o que se pode chamar de *agência/assessoria de imprensa*,

Responsabilidade social empresarial: um brado... 129

ou *publicidade/divulgação jornalística* – a *publicity* no modo norte-americano de ver as coisas. Visa publicar notícias sobre a organização e despertar a atenção da mídia. É uma comunicação de mão única, sem troca de informações, que utiliza técnicas propagandísticas.

O segundo modelo é o de *informação pública*, que se caracteriza como modelo jornalístico, disseminando informações objetivas por intermédio da mídia em geral e meios específicos. Pode ser chamado de *difusão de informações* ou *informações ao público*.

O terceiro modelo é o *assimétrico de duas mãos* e inclui o uso da pesquisa e outros métodos de comunicação. Aplica esses instrumentos a fim de criar mensagens persuasivas e manipular os públicos. É uma visão mais egoísta, pois visa tão-somente aos interesses da organização, não se importando com os interesses dos públicos. O *feedback* é utilizado para determinar quais atitudes do público são favoráveis à organização e como podem ser modificadas.

O quarto modelo é o *simétrico de duas mãos* e representa a visão mais moderna de relacionamento com os públicos. Ele busca um equilíbrio entre os interesses da organização e os de seus respectivos públicos. Baseia-se em pesquisas e utiliza a comunicação para administrar conflitos. Melhora o entendimento com os públicos estratégicos e, portanto, dá mais ênfase aos públicos prioritários do que à mídia. Há um engajamento nas transações entre a organização (fonte) e os públicos (receptores).

Muito se tem discutido a respeito da assimetria nas relações de interação nos diversos grupos sociais, sejam elas na família, no trabalho ou na escola. No caso das empresas, poderíamos afirmar que a sobrevivência de uma organização, no longo prazo, prende-se à prática do modelo simétrico de mão dupla, na medida em que este cria uma sólida base para os fundamentos da responsabilidade social.

Duarte e Dias sistematizaram as responsabilidades sociais de uma empresa, de modo a evidenciar suas múltiplas frentes de atuação.[8] O quadro a seguir é bem ilustrativo e merece reflexão.

Quadro de responsabilidades sociais

I – Área de trabalho
1. Setor de políticas de emprego
▸ Seleção de admissão
▸ Oportunidades para deficientes e minorias
▸ Carreira
▸ Reciclagem de trabalhadores
▸ Criação de oportunidades
2. Setor de políticas de remuneração
▸ Salários
▸ Benefícios e incentivos
▸ Participação nos lucros
3. Setor de qualidade de vida no trabalho
▸ Segurança e higiene do trabalho
▸ Saúde dos trabalhadores (incluindo lazer)
▸ Moradia e acesso ao trabalho
▸ Deslocamentos e transferência
▸ Participação na vida da empresa
▸ Trabalho significativo

II – Área de proteção ecológica
1. Setor de qualidade do ambiente
▸ Correção da poluição existente
▸ Controle de processos e produtos
▸ Fabricação de poluentes
▸ Utilização de poluentes
▸ Rejeitos de poluentes
▸ Prevenção de novas formas de poluição
▸ Melhoramentos estéticos
▸ Recuperação de áreas desgastadas

Responsabilidade social empresarial: um brado... **131**

(Continuação)

2. Setor de impacto da empresa
▸ No ambiente
▸ Na infra-estrutura
▸ Na economia
▸ Na organização social política e cultural

3. Setor de prevenção de recursos naturais
▸ Esgotamento de matérias-primas
▸ Aproveitamento e conservação de recursos energéticos
▸ Controle do uso da terra
▸ Exigência de reciclagem
▸ Redução de descartáveis

4. Setor de proteção ao meio ambiente
▸ Qualidade de vida
▸ Nutrição
▸ Habitação
▸ Saúde
▸ Transporte e comunicação
▸ Violência
▸ Educação
▸ Proteção ao menor
▸ Treinamento de desempregados "crônicos"

III – Área de consumo
1. Setor de qualidade dos produtos
▸ Utilidade
▸ Segurança
▸ Durabilidade
▸ Funcionalidade

(Continuação)

2. Setor de garantia e serviços
▶ Reposição
▶ Assistência técnica
▶ Obsolescência
▶ Controle de produtos nocivos
3. Setor de informações
▶ Publicidade
▶ Propaganda
▶ Características dos produtos
4. Setor de relações com clientes
▶ Cumprimentos de contatos
▶ Preços honestos

IV – Área de atuação comunitária
1. Setor de ajuda filantrópica a entidades, obras e campanhas
▶ Assistenciais
▶ Culturais
▶ Educacionais
▶ Artísticas
2. Setor de participação direta em atividades comunitárias
▶ Instalações
▶ Recursos humanos
▶ *Know-how*
▶ Recursos materiais

V – Área institucional
1. Setor de relações com acionistas
▶ Zelo pelo patrimônio
▶ Rentabilidade
▶ Informações fidedignas

(Continuação)

2. Setor de relações com o governo
‣ Honestidade nas informações tributárias
‣ Restrição à prática do *lobby*
‣ Restrição à ingerência política
3. Setor de relações com outras pessoas
‣ Honestidade na concorrência
‣ Restrição às práticas monopolistas

Oded Grajew, um dos grandes nomes em nosso país que têm contribuído para a disseminação e incentivo de práticas socialmente responsáveis, lembra, com propriedade, que não há nenhum conceito novo quando se pensa em responsabilidade social. O que existe, na verdade, é um novo olhar, uma nova maneira de compreender as questões que envolvem todas as relações humanas, inclusive – e especialmente – no universo empresarial. Para ele, "toda empresa é uma força transformadora poderosa, é um elemento de criação, e exerce grande ascendência na formação de idéias, de valores, nos impactos concretos na vida das pessoas, das comunidades e da sociedade em geral".[9]

Aos mais céticos, que ainda não admitem que as boas práticas dão lucro e valorizam a empresa, Grajew emenda:

> Estatísticas mostram que empresas socialmente responsáveis são mais lucrativas, crescem mais e são mais duradouras. A página da Dow Jones na internet traz um levantamento que compara a lucratividade dessas empresas com a média da Dow Jones. A rentabilidade das socialmente responsáveis é o dobro da média das empresas da Bolsa de Nova York.[10]

É impossível a uma organização resistir à imperiosa necessidade de contribuir para a reversão das disparidades sociais. Não parece razoável aceitar a não-cooperação, diante de certas incongruências de nossa civilização. A perversa realidade social passa a ser um pesado fardo, refletindo de forma cruenta a internacionalização do mundo capitalista.

> O desemprego crescente torna-se crônico. A pobreza aumenta e a "classe média" perde em qualidade de vida. O salário tende a baixar. A fome e o desabrigo se generalizam em todos os continentes. A mortalidade infantil permanece, a despeito dos progressos médicos e da informação.[11]

A morte, por hora, de mais de 1.200 crianças no mundo (o equivalente a três tsunamis por mês, todos os meses), segundo dados do *Relatório do Desenvolvimento Humano 2005*, por desnutrição e doenças evitáveis, não pode ser vista isoladamente, mas deve ser entendida como parte de um sistema maior que envolve problemas na esfera da economia, meio ambiente e dependência dos países do Terceiro Mundo. Segundo esse mesmo relatório, um quinto da humanidade vive em países onde muitas pessoas nem pensam em gastar 2 dólares num *capuccino*. Outro quinto da humanidade sobrevive com menos de 1 dólar por dia. Uma pessoa nascida na Zâmbia tem menos possibilidade de chegar aos 30 anos do que uma pessoa nascida na Inglaterra em 1840. E, ainda, para completar esse quadro dramático: os 500 indivíduos mais ricos do mundo têm um rendimento conjunto maior do que o rendimento das 416 milhões de pessoas mais pobres. Além disso, os 2,5 bilhões de pessoas que vivem com menos de 2 dólares por dia representam 5% do rendimento mundial. Os 10% mais ricos representam 54%.

O Brasil também se caracteriza por um brutal contraste entre seus indicadores econômicos – que o situam como uma das maiores economias do mundo – e sociais, de nível afro-asiático. Se considerarmos o Índice de Desenvolvimento Humano (IDH) de 2005, que leva em conta não somente o desenvolvimento econômico de uma nação, mas fatores como expectativa de vida, educação e renda, o país está em 63º lugar, posição nada confortável no *ranking* de 177 nações que participaram da pesquisa.

Em educação, o Brasil tem uma taxa de 11,6% de analfabetismo (91º no *ranking* mundial). Em longevidade, a esperança ao nascer, no Brasil, é de 70,5 anos (estamos em 86º no *ranking* mundial). A esperança de vida supera a média global, mas não a latino-americana. Em renda, o Brasil ocupa a 64ª posição no *ranking* mundial (de 2002 para 2003, segundo o Relatório de Desenvolvimento Humano de 2005, a renda brasileira caiu 1,6% – passou de US$ 7.918 para US$ 7.790) e doze países da América Latina e do Caribe têm desempenho superior ao brasileiro, entre eles México (53º no *ranking*, IDH de 0,814), Cuba (52º no *ranking*, IDH de 0,817), Uruguai (46º no *ranking*, IDH de 0,840), Chile (37º no *ranking*, IDH de 0,854) e Argentina (34º no *ranking*, IDH de 0,863). A Noruega lidera o *ranking*, com IDH de 0,963. O Brasil aparece abaixo da Rússia e acima da Romênia.

Os países nórdicos – que têm o melhor IDH do mundo – ocupam posições privilegiadas basicamente por duas razões: distribuem a renda com eqüidade e gastam 30% de seu orçamento com políticas sociais. Elevar os indicadores sociais brasileiros aos níveis de países que priorizam a questão social como base para o desenvolvimento sustentável constitui um óbvio imperativo nacional.

A necessidade inadiável de iniciar um verdadeiro programa social ocorre, infelizmente, em uma conjuntura de grandes dificuldades. Prova disso é o "Fome Zero", que, por mais bem-intencionado que seja, não conseguiu gerar os recursos necessários tanto para financiar o programa social como para motivar, no grau que deveria, a participação do setor privado.

Parece claro, hoje, que nas sociedades mais desenvolvidas a promoção do desenvolvimento econômico e do bem-estar social resulta, prioritariamente, de uma tendência de decisão política baseada em suficiente e organizado apoio da iniciativa privada. Não há dúvida de que todas as nações estão passando por problemas sociais que seus cidadãos e governos estão procurando resolver. A solução desses problemas envolve mudança social, ou seja, alteração da forma de viver das pessoas e dos grupos pela transformação de práticas negativas ou prejudiciais em práticas produtivas e pela criação de alternativas – com o apoio das organizações – que elevem a qualidade de vida das pessoas.

Praticamente todas as sociedades enfrentam uma aceleração e intensificação no ritmo das mudanças. Ideologias antigas, como o comunismo, ruíram diante das crises sociais e financeiras. Sistemas políticos autoritários estão sofrendo transformações maciças, por vezes, felizmente, na direção da democratização. Nos países do Terceiro Mundo, idéias e práticas novas estão subvertendo as ordens sociais vigentes. Há, no entender de Philip Kotler, uma revolução de crescentes expectativas. Mais pessoas em mais sociedades estão ansiosas por mudanças – seja em sua maneira de viver, seja em suas economias e sistemas sociais, seja em seu estilo de vida.

No passado, as grandes mudanças eram feitas à força, com guerras e revoluções. Hoje, contudo, a idéia dominante é a de que a vida social e a individual podem ser modificadas e melhoradas pela ação voluntária do poder público, sociedade e iniciativa privada. A gestão de projetos de responsabilidade social empresarial surge como fruto de um planejamento que pretende direcionar a mudança em benefício da coletividade.

Embora ainda não sejam suficientes os estudos conduzidos no Brasil a esse respeito, dados internacionais vão ao encontro dos benefícios da adoção de programas de cunho social. Pesquisas feitas nos Estados Unidos apontaram números impressionantes: segundo o Business for Social Responsibility (BSR), 68% dos jovens preferem trabalhar em uma organização ligada a algum projeto social e nada menos que 76% dos consumidores escolhem marcas e produtos envolvidos com algum tipo de ação social. Ao optarem por um produto ou serviço, as pessoas também estão dando cada vez mais importância à postura da empresa em relação ao meio ambiente e ao respeito que ela demonstra às leis e aos direitos humanos. Os dirigentes empresariais perceberam que "entre uma empresa que assume uma postura de integração social e contribuição para a sociedade e outra voltada para si própria e ignorando o resto, a tendência do consumidor é ficar com a primeira".[12]

A responsabilidade social empresarial passou a ser fator de sucesso para as organizações; afinal, o retorno positivo é certo, tanto no que se refere à produtividade como à lealdade (em virtude da maior motivação dos funcionários), ao reforço de laços com parceiros e, claro, à imagem perante a sociedade (que implica maior facilidade de fidelização e, portanto, segurança diante de possíveis crises).

A respeito da questão da imagem organizacional, vale a pena lembrarmos os ensinamentos de Tereza Halliday, segundo os quais esta é uma conjunção de imagens indissociáveis e entremeadas nas seguintes dimensões:

1) **Imagem espacial** – Onde a empresa se situa (instalações físicas, sucursais, como ocupa o espaço físico, econômico, político e social). São ligados à imagem espacial atributos como ordem, segurança, limpeza e desperdício.

2) **Imagem temporal** – Refere-se à história da organização, como ela está inserida no contexto histórico. O que ela fez, faz e é capaz de fazer? Às vezes, o comportamento de uma empresa não tem perdão.

3) **Imagem relacional** – Onde a empresa entra em meu universo e no macrossistema social? Como vejo a empresa em relação a minha vida e à vida da cidade, do Estado, do país?

4) **Imagem personificada** – Advém dos papéis desempenhados por membros da organização com os quais interagimos.

138 Um sensível olhar sobre o terceiro setor

5) **Imagem valorativa** – Reúne todos os componentes racionais e emocionais das imagens 1 a 4, que determinam a maneira pela qual julgamos a empresa. Que imagem final construímos sobre aquela empresa?

Inicialmente, nos anos 1970, Kotler e Zaltman, quando do lançamento do conceito de gestão de programas sociais, caracterizaram-na como "o processo de criação, a implementação e o controle de programas que têm por fim influenciar a aceitação de idéias sociais".[13]

Duas décadas mais tarde, Philip Kotler percebeu a necessidade de adaptar o conceito tradicional de maximização dos lucros, ao preocupar-se com o bem-estar da sociedade. Daí surgiu uma derivação, chamada de *marketing societal*, que, segundo Kotler,

> define a tarefa da organização como sendo de determinar necessidades, desejos e interesses de participação de mercado e proporcionar a satisfação desejada mais efetiva e eficientemente do que a concorrência de forma a preservar ou aumentar o bem-estar do consumidor e da sociedade.[14]

É possível perceber, por essas duas definições, o grau de avanço na percepção do papel a ser desempenhado pela iniciativa privada, embora ainda se note certa superficialidade, na medida em que não se consideram todos os *stakeholders*.

A figura representada a seguir, de antropomorfia na construção da marca,[15] propõe que: na década de 1950, o apelo predominante de uma marca perante seus consumidores era racional; na de 1970, emocional; na de 1990, espiritual ou ético, levando em conta a importância que os consumidores, hoje, atribuem a esse fator, que inclui o tema responsabilidade social empresarial.

Da óptica específica do marketing das empresas, os investimentos sociais trazem inúmeras oportunidades para o fortalecimento da marca e diferenciação ante a concorrência, fatores de grande importância sobretudo em mercados caracterizados pela alta competitividade e grande risco de "comoditização".

Seja qual for o entendimento, segundo Kotler,

o conceito de intervenção social de uma organização tem as seguintes premissas subjacentes:
– a principal missão da organização deve ser a de criar clientes satisfeitos e saudáveis e contribuir para a qualidade de vida;
– a organização procura constantemente melhores benefícios para seus clientes, estando pronta para promover os benefícios que são do interesse desses clientes, mesmo que eles não estejam conscientes disso;
– a sociedade dará o seu apoio às organizações que demonstrem preocupação com a sua satisfação e o seu bem-estar.[16]

Nota-se aqui que, mesmo do ponto de vista mercadológico, o conceito de intervenção social caracteriza-se por uma ação que visa ao bem-estar da sociedade, o que implica uma perspectiva de longo prazo, de modo a alterar possíveis expectativas imediatistas de retorno e lucro rápidos. O que antes eram ações sociais temporárias hoje são ações duradouras; as que não faziam parte do negócio agora passam a integrá-lo; os compromissos com a comunidade local são atualmente compromissos sociais mais amplos;

140 Um sensível olhar sobre o terceiro setor

o caráter social, que desvinculava uma ação de cunho social do negócio da empresa, hoje o integra e faz parte de sua essência.

Em 2002, no Fórum Econômico Mundial, realizado em Nova York, foi divulgada uma pesquisa, coordenada pela Pricewaterhouse, que ouviu 1.161 executivos de empresas situadas na Europa, Ásia e Américas. Dentre os resultados mais expressivos, "68% concordam que a responsabilidade social das empresas é vital para a lucratividade de todas elas; 60% dos executivos não acreditam que a responsabilidade social corporativa deva assumir uma prioridade menor no atual clima econômico".[17]

Essa mudança de paradigma não é nova. De acordo com a teoria das organizações, as empresas são concebidas como importantes agentes de promoção do desenvolvimento econômico e do avanço tecnológico, que estão transformando rapidamente o mundo em uma aldeia global nos locais em que o Estado não consegue cumprir o papel que lhe cabe. Com a crescente interdependência de todos, o bem-estar da humanidade depende, cada vez mais, de uma ação cooperativa em nível local e mundial. Ao adicionarem a suas competências básicas um comportamento ético e socialmente responsável, as organizações adquirem o respeito das pessoas e comunidades beneficiadas por suas atividades e são gratificadas com o reconhecimento e engajamento de seus clientes, em razão da imagem que têm perante eles.

Considerações finais

Definitivamente, vivemos um momento histórico. Com o fim da Guerra Fria, empresas e países estão enfrentando um novo conjunto de problemas: competição global crescente, deterioração ambiental, fusão de mercados e a conseqüente necessidade de sobreviver às difíceis situações que daí advêm e uma gama de outros problemas econômicos, políticos e sociais. Tais problemas, no entanto, são também oportunidades. Mercado globalizado significa que as empresas podem contar com potencial de mercado mais amplo para seus bens e serviços; a má notícia é que vão se deparar com um maior número de concorrentes.

A última década ensinou uma lição de humildade às organizações de todo o mundo. Em vista de uma famigerada "miopia de mercado" de muitas delas, não surpreende a enxurrada de livros que oferecem várias prescrições atualizadas sobre como conduzir negócios no novo ambiente.

Nos anos 1960, alertava-se as empresas a tratarem seus funcionários não como dentes da engrenagem de uma máquina, mas como indivíduos cuja criatividade pode ser liberada por meio de prática administrativa iluminada. Na década de 1970, o *planejamento estratégico* ofereceu uma forma de pensar sobre como construir e administrar o portfólio de negócios da organização em ambiente turbulento. Nos anos 1980, *excelência e qualidade* receberam muita atenção como novas fórmulas para o sucesso. Finalmente, na década de 1990 e início do novo século, as empresas podem estar prontas para reconhecer a importância crítica de investirem no planejamento de políticas orientadas e dirigidas à sociedade, como resultado de um processo de inter-relacionamento e dependência dela para assegurarem a própria sobrevivência.

Essa postura precisa ser difundida e enfatizada. Muitos erros e aborrecimentos poderiam assim ser evitados, pois a primeira lição para um bom jogador é conhecer profundamente as regras do jogo e relacionar-se bem com a sociedade.

Se a cultura organizacional manifesta-se no conjunto de pressupostos, crenças e valores compartilhados e aceitos pelos membros de um grupo, não se pode negar que o processo de cooperação social tem a capacidade de atualizar essa cultura. Para atualizá-la, todavia, é necessário que as organizações que desejam garantir sua efetividade dirijam seus esforços para o conhecimento das pessoas, seus comportamentos, suas formas de agir e de ser. A chave do sucesso empresarial parece estar em sua capacidade de desvendar

142 Um sensível olhar sobre o terceiro setor

o grau em que cultura e valores de uma organização se coadunam com as expectativas da comunidade. Lição aparentemente simples, mas muito profunda, que necessita ser entendida pelos administradores dos novos tempos.

Notas

1. Nestor Canclini, *Consumidores e cidadãos*, 1995.

2. Francisco Gaudêncio Torquato do Rego, *Cultura, poder, comunicação e imagem: fundamentos para a nova empresa*, 1991.

3. Octavio Ianni, *Teorias da globalização*, 1996.

4. Antonio Damasio, *L'erreur de Descartes*, 1995.

5. J. E. Bacellar *et al.*, *Indicadores Ethos de Responsabilidade Social*, jun. 2000.

6. Francisco P. de Melo Neto e César Froes, *Gestão da responsabilidade social corporativa: o caso brasileiro*, p.133-4.

7. James E. Grunig e Todd Hunt. *Managing public relations*, p. 132.

8. Gleuso D. Duarte e José Maria Dias, *Responsabilidade social: a empresa hoje*.

9. Oded Grajew, "Negócios e responsabilidade social", p. 39-40.

10. Oded Grajew, "Índice para medir solidariedade", *Época*, 22 maio 2000, p. 55.

11. Milton Santos, *Por uma outra globalização*, p. 19-20.

12. Idalberto Chiavenato, *Gestão de pessoas: o novo papel dos recursos humanos nas organizações*.

13. Philip Kotler e Gerald Zaltman, "Social marketing: an approach to planned social change".

14. Philip Kotler, *Administração de marketing: análise, planejamento, implementação e controle*, p. 44.

15. Hamish Pringle e Marjorie Thompson, *Marketing social*.

16. Philip Kotler, *op. cit.*

17. José Meirelles Passos, "Responsabilidade social também dá lucro, dizem empresários", *O Globo*, caderno especial Globalização, p. 5.

Responsabilidade social empresarial: um brado... 143

Referências bibliográficas

BACELLAR, J. E. *et al. Indicadores Ethos de Responsabilidade Social*. Instituto Ethos de Empresas e Responsabilidade Social, jun. 2000.

CANCLINI, Nestor. *Consumidores e cidadãos*. Rio de Janeiro: Ed. UFRJ, 1995.

CHIAVENATO, Idalberto. *Gestão de pessoas: o novo papel dos recursos humanos nas organizações*. Rio de Janeiro: Campus, 1999.

DAMASIO, Antonio. *L'erreur de Descartes*. Paris: Éditions Odile Jacob, 1995.

DUARTE, Gleuso D.; DIAS, José Maria. *Responsabilidade social: a empresa hoje*. Rio de Janeiro: LTC, 1986.

GRAJEW, Oded. Índice para medir solidariedade. *Época*, São Paulo, 22 maio 2000.

_____. Negócios e responsabilidade social. *In*: ESTEVES, S. (org.). *O dragão e a borboleta: sustentabilidade e responsabilidade social nos negócios*. São Paulo: Axis Mundi, 2000.

GRUNIG, James E.; HUNT, Todd. *Managing public relations*. Nova York, Holt: Rinehart & Winston, 1994.

IANNI, Octavio. *Teorias da globalização*. Rio de Janeiro: Civilização Brasileira, 1996.

KOTLER, Philip. *Administração de marketing: análise, planejamento, implementação e controle*. 4. ed. São Paulo: Atlas, 1998.

KOTLER, Philip; ZALTMAN, Gerald. Social marketing: an approach to planned social change. *In*: LAZER, William; KELLEY, Eugene J. *Social marketing: Perspectives and viewpoints*. Homewood, Illinois: Richard D. Irwin Inc., 1973.

MELO Neto, Francisco P.; FROES, César. *Gestão da responsabilidade social corporativa: o caso brasileiro*. Rio de Janeiro: Qualitymark, 2001.

PASSOS, José Meirelles. "Responsabilidade social também dá lucro, dizem empresários", *O Globo*, Rio de Janeiro, 1º fev. 2002, caderno especial Globalização, p. 5.

PRINGLE, Hamish; THOMPSON, Marjorie. *Marketing social*. São Paulo: Makron Books, 2000.

SANTOS, Milton. *Por uma outra globalização*. Rio de Janeiro: Record, 2000.

TORQUATO DO REGO, Francisco Gaudêncio. *Cultura, poder, comunicação e imagem: fundamentos para a nova empresa*. São Paulo: Pioneira, 1991.

A comunicação e a captação de recursos no terceiro setor

Silvia Olga Knopfler Santana

Comunicação é um tema polêmico já no que diz respeito a sua natureza. A origem da palavra traz vários significados:

Comunicação tem sua origem etimológica no substantivo latino *communicationem* (século XV), que significa a ação de tornar comum. Sua raiz é o adjetivo *communis*, comum, que significa pertencente a todos ou a muitos. E o verbo *comunicare*, comunicar, que significa tornar comum, fazer saber [...]. Com essa origem, a palavra "comunicação" carrega até hoje uma ambigüidade não resolvida [...] representada, em seus extremos, por transmitir, que é um processo unidirecional, e compartilhar, que é um processo comum ou participativo.[1]

Essa complexidade é aumentada quando se pensa no profissional de comunicação, que precisa de várias especialidades inter e multidisciplinares para desempenhar suas funções; todo comunicador é um pouco sociólogo, psicólogo, planejador, artista e um tanto filósofo. "Comunicação não existe por si mesma, como algo separado da vida da sociedade. Sociedade e comunicação são uma coisa só",[2] ou seja, a comunicação, e o discurso, tem origem na sociedade, transita por várias ciências e assim sofre suas influências.

Ao analisarmos a comunicação de uma empresa, ou melhor, a ação do departamento de comunicação de uma organização, cuja responsabilidade maior é a disseminação de conceitos e idéias para seus públicos internos e externos, podemos perceber a amplitude de funções e a conseqüente flutuação de conceitos da comunicação empresarial.

Dependendo das circunstâncias, muitas vezes o responsável pela comunicação da empresa é subordinado à área de marketing, de administração, de vendas ou mesmo constitui um departamento à parte. Esse fato demonstra que o profissional de comunicação tem vasto campo de atuação, e suas competências são o mais diversas possível, motivo pelo qual é cobrado por vários tipos de resultados diferentes.

Essa diversidade de competências e a falta de definições claras sobre as funções e responsabilidades da comunicação empresarial ficam acentuadas quando transferidas ao terceiro setor, que já conta com conceitos e organogramas que não seguem moldes institucionalizados, mas que têm muito a ensinar sobre a capacidade de mobilização da sociedade. Fazem parte do terceiro setor "todas as formas de manifestações, de associações, de agrupamentos, de ações coletivas privadas, que têm uma função pública e não visam lucros, tendo, portanto, perspectiva social".[3] Assim, as instituições filantrópicas e assistenciais de prestação de serviços, as organizações de defesa dos direitos de grupos específicos e todas as formas de trabalho voluntário, além do novo "filão", a empresa cidadã, enquadram-se nesse segmento. Nota-se que a mentalidade das empresas tem mudado porque perceberam a importância da imagem institucional.

> [...] a questão da responsabilidade social acabou entrando na lógica da empresa, porque a empresa deseja se beneficiar do apoio das pessoas. Os profissionais mais talentosos, aqueles que têm cada vez mais poder de escolha, querem trabalhar em empresas socialmente responsáveis [...] Há várias estatísticas que mostram que os consumidores, cada vez mais, preferem empresas que tenham uma postura ética.[4]

Em pesquisa realizada pela InterScience sobre a construção da imagem de empresas, "entre os fatores mais importantes para a construção da imagem corporativa, os três de maior destaque são: qualidade de produtos e serviços (80%), respeito ao cliente (74%) e ética (67%)".[5]

Seguindo essa tendência, as empresas privadas estão aumentando seus investimentos e, conseqüentemente, seu envolvimento com o terceiro setor. Dados do Instituto de Pesquisa Econômica Aplicada (Ipea) apontam que:

> [...] mais da metade das empresas do Brasil (59%) realiza algum trabalho social, e que em 2002 juntas chegaram a um investimento de R$ 4,7 bilhões (Rits, jun. 2002). [...] As perspectivas para um futuro próximo são otimistas: 39% das empresas analisadas admitiram que pretendem ampliar seus investimentos sociais em breve.[6]

Os resultados procurados pelas empresas com essas ações também foram mensurados pela InterScience:

> [...] os principais resultados esperados pelas empresas a partir de projetos sociais são a efetivação do papel da responsabilidade so-

cial corporativa (59%), a melhoria da qualidade de vida da região (54%) e a percepção positiva junto aos funcionários (49%), embora um terço das empresas que possuem ações voltadas à comunidade não meça o resultado do seu alcance.[7]

As bases da admiração de uma empresa pelos consumidores, as quais agregam valor à imagem dela, são: responsabilidade social (45%), meio ambiente (47%) e nível de comprometimento com o país.[8]

Essas mudanças acarretam conseqüências tanto às organizações privadas como às do terceiro setor. As primeiras ganham imagem institucional perante seus consumidores, enquanto o terceiro setor sofre sérias transformações. Oriundo da filantropia e da caridade de segmentos religiosos, não tinha a eficiência como condicionante e, agora, é forçado a entender como parceria o que antes era considerado doação, em uma verdadeira profissionalização de suas atividades.

Nesse contexto, a comunicação passa a ter importância vital para o terceiro setor, como para qualquer tipo de empresa, estatal ou privada. Antigamente, voluntários influentes utilizavam sua rede de relacionamentos para conseguir doações para a continuidade de suas obras de caridade. Hoje, a situação mudou.

Atualmente, a grande fonte de recursos para projetos é a iniciativa privada. Fundos internacionais estão cada vez mais escassos e os governamentais, além de escassos, burocratizados [...] exigem, cada vez mais, uma melhor preparação para a captação de recursos.[9]

O terceiro setor se vê obrigado a criar catálogos e malas-diretas e a desenvolver apresentações da entidade para possíveis patrocinadores em um esforço de captação de recursos, assim como o segundo setor cria campanhas de propaganda e desenvolve promoções para a venda ou fortalecimento da marca de qualquer produto.

148 Um sensível olhar sobre o terceiro setor

Essa transformação nas formas de captação de recursos exige adaptações das entidades. Os funcionários precisam ser treinados, e esse é um dos maiores desafios que o setor de filantropia tem pela frente. "Essa é uma tarefa assustadora, especialmente se a meta é não apenas formar pessoas boas no que fazem, mas desenvolver defensores articulados, que possam efetivamente representar o setor entre aqueles que têm o poder de decisão nas empresas e no governo."[10]

Atualmente, uma entidade filantrópica precisa criar e divulgar uma boa imagem que seja capaz de atrair investimentos duradouros – apoio, verba ou trabalho voluntário –, além de preparar relatórios para investidores e pensar em formas de avaliação de campanhas; enfim, a multifuncionalidade da comunicação é hoje essencial para a sobrevivência financeira de qualquer instituição ou organização não-governamental neste mundo capitalista e globalizado.

O código de ética da Associação Brasileira de Captadores de Recursos (ABCR) indica como principais valores e princípios do captador de recursos a integridade, a transparência, o respeito à informação, a honestidade em relação à intenção do doador e o compromisso com a missão da organização que solicita fundos, princípios esses muito semelhantes aos do comunicador.

O responsável pela captação de recursos não é necessariamente um profissional formado em comunicação. Essa tarefa pode ser também desenvolvida por alguém com experiência em vendas, considerando captação de recursos a venda de uma idéia, assim como por voluntários influentes ou por um responsável contratado para essa função. No entanto, o profissional de comunicação tem muito a contribuir.

A premissa básica para o sucesso de ações de captação de recursos e garantia de saúde financeira é a imagem que as pessoas têm da instituição. Na linguagem do segundo setor, isso signifi-

A comunicação e a captação de recursos no terceiro... 149

ca levantar a percepção do público-alvo da organização sobre seu produto e marca; o consumidor jamais comprará um produto que não conhece e no qual não confia, do mesmo modo que ninguém auxiliará uma ONG – com a doação de dinheiro ou de tempo – se não tiver uma boa impressão sobre os serviços por ela prestados, sua idoneidade e os resultados conquistados.

Deve-se entender que as ONGs não precisam do dinheiro em si, mas como facilitador de suas necessidades – pessoal qualificado, comida, abrigo ou infra-estrutura, material didático, remédios etc. Vale ressaltar que, como ferramenta de marketing, a comunicação somente será capaz de formar uma boa imagem se realmente o produto, ou a ONG, for de qualidade.

A construção de uma boa imagem requer observação do ambiente no qual a entidade está inserida e descoberta da impressão dos vizinhos sobre ela, se é que repararam em sua existência. É importante notar que, independentemente do serviço prestado pela instituição, este obviamente traz benefícios para a sociedade – tira crianças da rua, cuida do meio ambiente, capacita pessoas, evitando o aumento do número de desempregados e contraventores, entre outros.

Diante do recente desenvolvimento de parcerias, a construção da imagem deve iniciar-se em "casa", pela motivação. É primordial que todos os envolvidos na causa da instituição (profissionais e voluntários) estejam motivados para transmitir essa energia quando interagirem com qualquer público, em qualquer situação.

A captação de recursos não é simplesmente conseguir receita – verba ou bens – para a manutenção das atividades da instituição. Muito mais do que isso, trata-se de envolvimento, conhecimento, conquista e manutenção de um parceiro. Assim como a comunicação de qualquer empresa privada visa, por meio de diversas ferramentas – propaganda, promoção, relações públicas, *merchandising* e todas as novas mídias –, persuadir os consumidores a preferir seus produtos ou serviços, a comunicação de uma ONG ou causa social pretende conquistar adeptos interessados e envolvidos com a idéia, com o público beneficiado, com a missão da entidade.

Perante tantas transformações no cenário contemporâneo, uma instituição assistencial, para sobreviver e continuar prestando serviços de qualidade, deve passar por um planejamento que consiste em identificar questões como onde ela está, o que quer ser e o que tem de fazer para chegar a determinada situação. Se a instituição já conhece seus maiores colaboradores e sabe quanto necessita para sobreviver, precisa somente definir a melhor forma de buscar o que está faltando e assim conquistar o equilíbrio financeiro. Para isso, é interessante envolver todos os colaboradores. "Uma instituição é formada por pessoas [...] É bom lembrar que planejar é uma atividade coletiva. Portanto, é importante planejar junto com as pessoas que serão envolvidas na ação."[11]

Além do planejamento, a base que determina o caminho a seguir, uma entidade precisa, ainda, ter credibilidade perante a sociedade. Para tanto, deve contar com a participação de profissionais competentes trabalhando para a causa e com experiências bem-sucedidas que garantam um reconhecimento público satisfatório. "A credibilidade está ligada às experiências de sucesso e ao conhecimento público da instituição. Não é suficiente realizar um bom serviço. É fundamental que os outros saibam que nós realizamos este bom trabalho."[12] Em geral, as instituições divulgam apenas o que buscam, esquecendo-se de explicar como pretendem alcançar os objetivos e de mostrar as experiências de sucesso que comprovam que estão no caminho correto. Por isso, é indispensável comunicar, de forma profissional, o trabalho realizado para o público correto, bem como os resultados alcançados, em linguagem adequada.

Como em qualquer ação mercadológica, alguns procedimentos são indispensáveis, entre eles definir claramente o público que se

A comunicação e a captação de recursos no terceiro... 151

deseja atingir. Na linguagem do terceiro setor, isso significa descobrir quem é sensível à causa e dela pode participar por meio do levantamento das empresas existentes na área de atuação, de uma lista daquelas que investem em causas semelhantes e da indicação de funcionários e voluntários.

Após a definição do público com o qual se quer trabalhar, passa-se a descobrir algumas de suas peculiaridades, tais como hábitos, interesses e necessidades; "conhecer o que motiva seus potenciais doadores ajuda a focar seus esforços".[13] Sabendo quem é interlocutor e os fatores que o motivam, pode-se partir efetivamente para a tarefa de captação de recursos. Esta, como já citado, pode ser desempenhada por um profissional contratado ou voluntário, oriundo de qualquer área de atuação, desde que possua habilidade em negociação e saiba cultivar um bom relacionamento com as pessoas com as quais interage, além de motivação e envolvimento com a entidade e com a causa. Sem esses fatores, não haverá material de apresentação que convença um potencial doador.

Esse profissional deve respeitar integralmente o código de ética da ABCR, que prega, entre outros princípios: respeitar a legislação vigente no país, receber por seu trabalho apenas remuneração preestabelecida, respeitar o sigilo das informações sobre os doadores, exigir da organização para a qual trabalha total transparência na gestão dos recursos captados, cuidar para que não existam conflitos de interesse no desenvolvimento de sua atividade, respeitar e divulgar o Estatuto dos Direitos do Doador, estar comprometido com o progresso das condições de sustentabilidade da organização.

A parte mais difícil no processo de captação de recursos de uma entidade é entrar em contato com potenciais fomentadores.

Obviamente, a adesão a um projeto e, por conseqüência, o início de uma parceria com uma causa social não dependem de um único fator ou de uma única pessoa. Muito provavelmente haverá necessidade de alguns dias para apresentação a superiores e decisões internas.

O projeto pode não ser aceito. Nesse caso, o importante é entender o motivo da recusa, que, muitas vezes, decorre da falta de planejamento, como já apontado. Na verdade, o profissional de comunicação acaba sendo um agente que tem papel crucial na consolidação do "negócio" entre agência fomentadora e ONGs.

A captação de recursos é uma atividade que pode também ser direcionada a pessoas físicas. Nesse caso, a maior desvantagem de trabalhar com esse público é que o esforço de captar e manter recursos e parceiros são os mesmos, se não maiores, mas os recursos conquistados costumam ser muito menores. Por outro lado, a grande vantagem é a divulgação espontânea. Todo voluntário fala com orgulho de sua entidade, além de sua participação ser espontânea, sem vínculo com qualquer assinatura de uma empresa.

Independentemente do público com o qual a entidade está procurando trabalhar – pessoa física ou jurídica –, a organização de dados torna-se indispensável. Um bom banco de dados garante a organização operacional, facilita o relacionamento e a cobrança profissional, evita a duplicidade de correspondências e facilita a segmentação das mensagens, uma vez que, conhecendo as características de cada doador, é possível fazer contatos personalizados.

Pode-se concluir que a função de um bom captador de recursos vai além da conquista e manutenção de bons doadores. Dentre suas tarefas está também a cobrança profissional do acordo firmado e a otimização do banco de dados da entidade por meio da análise e descoberta do perfil e hábitos do doador.

A emoção do voluntário transforma-se na racionalidade do profissional contratado para captar recursos e, da mesma forma que uma empresa privada faz propaganda, promoção de vendas ou qualquer ação de relações públicas quando precisa lançar um produto, aumentar as vendas, bloquear a ação da concorrência ou melhorar sua imagem no mercado, uma entidade se profissionaliza e desenvolve campanhas de comunicação quando necessita aumentar a quantidade de doações e de doadores ou conquistar simpatia e apoio da vizinhança e de órgãos públicos. Hoje, com a ajuda profissional de um comunicador, uma entidade sabe que deve utilizar em todas as formas de comunicação – mala direta, anúncio em jornal de bairro, telemarketing etc. – mensagens contendo informações sobre ela, sua equipe voluntária e contratada, seus projetos e público beneficiado, com forte apelo persuasivo que leve à ação.

A apresentação da área de captação de recursos focada em grande parte deste texto em empresas privadas deve-se ao fato de tratar-se atualmente de uma tendência. Pesquisa realizada pela InterScience com dez grandes anunciantes que investem R$ 1,1 bilhão por ano aponta para a queda da verba da propaganda tradicional:

> [...] representava 48,5% em 2002, 47,9% em 2003 e estima-se para esse ano de 2004 uma fatia de 46,6%. [...] Embora ainda pequenos, as ferramentas que se destacam como tendência são internet, marketing social, que subiu de 5,4% para 6,3% em dois anos, e marketing direto.[14]

Existem, porém, formas mais tradicionais de captação de recursos, como os eventos. Quem nunca participou de um evento beneficente? Bazares onde se compram artigos produzidos pelo público beneficiado ou doados por voluntários com renda revertida à instituição? *Shows* de artistas que cedem seu cachê a uma causa ou entidade? Esses eventos costumam mobilizar a comunidade e grande parte dos voluntários sem necessariamente trazerem o retorno pretendido. Novamente, a contribuição do profissional de comunicação é importante. Com ele, o evento passa a ter um objetivo claro, um tema, uma estratégia.

Outros meios de captação de recursos, mais atuais e também eficientes, são os projetos de geração de renda desenvolvidos por

154 Um sensível olhar sobre o terceiro setor

entidades. Tais projetos – produção de bijuterias, confecção de pães e doces em uma padaria experimental, artesanato – contribuem para a sustentabilidade da instituição, uma vez que podem ser consumidos pelos beneficiados ou mesmo vendidos, motivam os participantes e transformam o caráter assistencialista do passado em uma visão moderna de desenvolvimento de cidadania.

Independentemente de sua forma de atuação, a entidade deve, assim como a empresa privada, criar um mecanismo de avaliação de cada campanha desenvolvida, descrever a ação, o público atingido – perfil e quantidade, forma de contribuição –, o custo da campanha e o retorno. Assim, com o passar do tempo, demonstrando sua profissionalização, ela terá um rico material para análise, podendo rever as estratégias, verificar qual a forma de captação mais eficiente e ainda analisar os planos de ação futuros.

Conclusão

É notória a tendência à expansão do terceiro setor. Esse crescimento se dá na imagem do segmento, no volume de negócios e nos valores que transitam pela área, na mídia – que tem o poder de atingir milhões de pessoas em pouco tempo e que todo dia abre mais espaço para divulgação de ações sociais – e, principalmente, na abertura de vagas de trabalho qualificado em várias esferas.

O profissional de comunicação tem cada vez mais possibilidades de atuação – agências de propaganda, veículos de comunicação, produtoras de vídeo, organizadoras de eventos, departamentos de marketing e comunicação de empresas privadas, entre outras –, e, surge com força também no terceiro setor, que necessita de pessoal capacitado para desenvolver uma comunicação eficiente que possibilite a captação de recursos de forma profissional e contínua.

Na outra ponta, os profissionais de mídia precisam conhecer melhor o terceiro setor, entender seu funcionamento e suas espe-

A comunicação e a captação de recursos no terceiro... 155

cificidades para poder cobrir pautas de ONGs sem sensacionalismo e com responsabilidade. Do mesmo modo, os profissionais de comunicação que atuam em empresas privadas e estão ávidos pela construção de uma imagem de responsabilidade social empresarial têm de realmente acreditar no conceito de cidadania antes de investir ou decidir por um apoio ou patrocínio. Os publicitários e os relações-públicas, responsáveis pela comunicação da empresa para a massa e públicos específicos, devem conhecer a ética desse setor antes de se apropriarem do conceito de empresa cidadã.

Está na hora de as escolas de comunicação, que formam profissionais para atuar em todas essas funções, investirem também nessa tendência e incluírem em sua grade curricular o conceito de cidadania, a ética na captação de recursos e a verdadeira noção de responsabilidade social. Dessa forma, o terceiro setor se fortalecerá e atingirá o grau de profissionalismo que necessita para desempenhar melhor e com mais dignidade sua missão.

Notas

1. Venício A. de Lima, *Mídia: teoria e política*, p. 24.

2. Juan E. Díaz Bordenave, *O que é comunicação*, p. 16.

3. Sérgio Haddad, "O papel da imprensa segundo os líderes do terceiro setor", Mesa 1: Debate. In: *1º Fórum de Imprensa, 3º-setor e Cidadania Empresarial*, 1999, p. 23.

4. Oded Grajew, "O papel da imprensa segundo os líderes do terceiro setor", Mesa 1: Debate. In: *1º Fórum de Imprensa, 3º-setor e Cidadania Empresarial*, 1999, p. 18.

5. InterScience, "Para construir a imagem", *Carta Capital*, 25 jun. 2003, p. 49.

6. Takeshy Tachizawa, *Organizações não-governamentais e o terceiro setor: criação de ONGs e estratégias de atuação*, p. 31.

7. InterScience, "A preocupação com a comunidade", *Carta Capital*, 21 maio 2003, p. 32.

8. InterScience, "As bases da admiração", *Carta Capital*, 3 set. 2003, p. 50.

9. Ricardo de Souza Santos Falcão, "Captação de recursos para projetos sociais", p. 6.

10. Kathleen D. McCarthy, "Educando os futuros administradores e líderes do setor de filantropia", p. 113.

11. Ricardo de Souza Santos Falcão, *op. cit.*, p. 7.

12. *Ibidem*.

13. Célia Meirelles Cruz, "Captação de recursos para projetos sociais", p. 11.

14. Marta Barcellos, "Anunciantes devem diversificar gastos em 2004", *Revista Empresas & Tecnologia*, ano 5, n. 922, p. 37.

Referências bibliográficas

BARCELLOS, Marta. Anunciantes devem diversificar gastos em 2004. *Revista Empresas & Tecnologia*, ano 5, n. 922, 7 jan. 2004.

BORDENAVE, Juan E. Díaz. *O que é comunicação*. São Paulo: Nova Cultural/Brasiliense, 1986.

CARDOSO, Ruth. Fortalecimento da sociedade civil. *In*: IOSCHPE, Evelyn Berg (org.). *Terceiro setor: desenvolvimento social sustentado*. 2. ed. Rio de Janeiro: Paz e Terra, 1997.

CRUZ, Célia Meirelles. Captação de recursos para projetos sociais. Tema 13: Debate. *In*: SENAC. *Fórum Permanente do Terceiro Setor: 2ª coletânea de artigos (julho de 1999-julho de 2000)*. São Paulo: Senac, 2000.

FALCÃO, Ricardo de Souza Santos. Captação de recursos para projetos sociais. Tema 13: Debate. *In*: SENAC. *Fórum Permanente do Terceiro Setor: 2ª coletânea de artigos (julho de 1999-julho de 2000)*. São Paulo: Senac, 2000.

FERNANDES, Rubem César. *Privado porém público: o terceiro setor na América Latina*. Rio de Janeiro: Relume-Dumará, 1994.

GRAJEW, Oded. O papel da imprensa segundo os líderes do terceiro setor. Mesa 1: Debate. *In*: SENAC. *1º Fórum Brasileiro de Imprensa, Terceiro Setor e Cidadania Empresarial (dezembro de 1999)*. São Paulo: Senac, 2000.

A comunicação e a captação de recursos no terceiro... 157

HADDAD, Sérgio. O papel da imprensa segundo os líderes do terceiro setor. Mesa 1: Debate. *In*: SENAC. *1° Fórum Brasileiro de Imprensa, Terceiro Setor e Cidadania Empresarial (dezembro de 1999)*. São Paulo: Senac, 2000.

INTERSCIENCE. A preocupação com a comunidade (pesquisa com cem executivos de empresas, realizada entre 14 e 22 abr. 2003). *Carta Capital*, São Paulo, 21 maio 2003, p. 32.

_____. As bases da admiração (pesquisa realizada com 1.024 executivos de 31 setores da economia e com 50 jornalistas, em jun.-jul. 2003). *Carta Capital*, São Paulo, 3 set. 2003, p. 50.

_____. Para construir a imagem (pesquisa com cem executivos de empresas, realizada entre 9 e 13 jun. 2003). *Carta Capital*, São Paulo, 25 jun. 2003, p. 49.

LIMA, Venício A de. *Mídia: teoria e política*. São Paulo: Fundação Perseu Abramo, 2001.

MCCARTHY, Kathleen D. Educando os futuros administradores e líderes do setor de filantropia. *In*: IOSCHPE, Evelyn Berg (org.). *Terceiro setor: desenvolvimento social sustentado*. 2. ed. Rio de Janeiro: Paz e Terra, 1997.

TACHIZAWA, Takeshy. *Organizações não-governamentais e o terceiro setor: criação de ONGs e estratégias de atuação*. São Paulo: Atlas, 2002.

VAZ, Gil Nuno. *Marketing institucional: o mercado de idéias e imagens*. São Paulo: Pioneira, 1995.

Meio ambiente e comunicação

Sydney Manzione

O primeiro setor – o governo – vem, há muito tempo, comunicando suas atividades e formas de atuação de maneira cada vez mais profissional e efetiva; tanto é que, por anos, o governo tem sido um dos grandes investidores de mídia, superando qualquer grande organização do segundo setor.[1] Em 2002, o governo investiu em torno de três vezes o volume gasto pela Unilever, então primeiro anunciante do segundo setor.

Sem levar em conta que o governo é composto de diversas entidades por vezes sem um fim de comunicação comum, as verbas gastas pelo setor governamental são vultosas e quase

Meio ambiente e comunicação 159

equiparáveis a seus "concorrentes" na mídia. Tradicionalmente, o governo é um dos maiores anunciantes, fato que, em 2003, não ocorreu. Naquele ano, o governo, como um todo, investiu em propaganda R$ 570 milhões. Uma única instituição governamental – o Banco do Brasil – investiu R$ 179 milhões, enquanto a maior representante do segundo setor – a Casas Bahia – teve gastos em mídia na ordem de R$ 760 milhões. Considere-se que a entidade governamental que mais investiu foi o Ministério da Educação (R$ 61,5 milhões).[2]

Comparando os três setores, em 2003 e 2004,[3] o primeiro setor foi responsável por 2,4% do total investido em propaganda; o segundo, por 96,6%; e o terceiro, por somente 1%, número que soma os gastos de associações e campanhas sociais, muitas não patrocinadas por entidades do terceiro setor. As associações desse segmento respondem por somente 0,28% do total. As Casas Bahia, que em 2004 ultrapassaram a Unilever como anunciante, investiram quase três vezes o que todo o terceiro setor gastou em mídia.[4]

A presença do governo como grande investidor (a despeito de seu total ser relativamente mais baixo, se comparado com o segundo setor) é um fato que vem ocorrendo de maneira clara e inequívoca, porém cada vez mais aportando competências importadas do segundo setor, como se torna evidente em cada eleição, principalmente para cargos executivos. Acaba por haver uma polarização entre este e aquele "marqueteiro".

Já o segundo setor, cujo lucro advém do que vende aos consumidores (produtos ou serviços), necessita do conhecimento de sua marca. As boas práticas do marketing, no entanto, sugerem ao administrador de um produto/serviço/marca, com mediana capacidade, que propague o produto de forma a torná-lo não só conhecido, como correta e eficazmente conhecido. Não basta apresentar um produto ao consumidor somente dizendo sua marca e onde encontrá-lo; é preciso indicar por que deve ser escolhido e consumido, ou seja, posicionar seu produto. "Posicionamento é o ato de desenvolver a oferta e a imagem da empresa para ocupar um lugar destacado na mente dos clientes-alvo."[5] E isso tem de ser feito com boa dose de realidade, pois comunicar algo de maneira leviana, entregando algo que não era esperado, gera uma dissonância cognitiva no consumidor que poderá fazê-lo evitar uma recompra – literalmente a morte para uma empresa de bens de consumo.

O acirramento da concorrência e a constante evolução tecnológica transformam qualquer produto rapidamente em uma *commodity*, que Peppers e Rogers chamam de "comoditização".[6] É como se existisse um arroz novo no mercado a cada dia. Que diferença pode haver entre um e outro arroz? Cabe ao produtor descobrir a diferença e, não havendo, criá-la, agregando valor. Isso, porém, não basta; é necessário comunicar esse fato.

Vivendo de comercializar, portanto, o segundo setor é profundo conhecedor das técnicas de comunicação, sabendo o que, quando e onde comunicar a respeito de seus produtos ou serviços. Os investimentos em mídia, assim como os gastos com pesquisa para identificar necessidades e motivações do consumidor, são enormes e o trabalho para modificar produtos, adequá-los às necessidades e agregar valor, expressivos.

O segundo setor precisa de comunicação para comercializar seu produto. Este, por sua vez, permite que se gerem recursos suficientes para aplicar em mídia. E o terceiro setor?

O terceiro setor enfrenta o duplo desafio de ter de se comunicar para obter o que mais necessita – recursos – e a falta crônica de verba para mídia. Afora isso, depara com um dilema que, a princípio, pode ser ético, mas acaba por constituir um problema operacional: os recursos arrecadados por uma entidade do terceiro setor, até por uma questão de missão, devem ser destinados aos trabalhos sociais que ela se propõe. Verbas empregadas em comunicação podem se transformar em aplicação mal destinada, quase como um desvio pouco natural ao objetivo primeiro de qualquer instituição.

Esse dilema cria um círculo que não é quebrado facilmente, ou seja, a falta de comunicação não traz recursos, os poucos obtidos não são usados em comunicação. No âmago da questão, no entanto, não está a verba ou seu uso, e sim a tentativa de utilizar a lógica do segundo setor no terceiro. Não parece ser possível empregar técnicas de um setor em outro, ao menos no campo da utilidade.

O segundo setor busca, em última análise, a própria auto-remuneração, por meio do lucro. A lucratividade é o motor das atividades e da eficiência, tanto que o segundo setor é movido por retornos. A palavra de ordem é retorno sobre o investimento (*return on investment* – ROI).

O termo descreve o cálculo do retorno financeiro em uma política ou iniciativa de negócios que implica algum custo. O ROI pode ser medido em termos de um período de tempo para a recuperação do investimento, como uma porcentagem de retorno em uma despesa de caixa, ou como valor presente líquido descontado dos fluxos de caixa livres de um investimento. Há muitas maneiras de calculá-lo.[7]

No caso do terceiro setor, a medida de eficiência, se é que é possível de estabelecer, será bem outra. Dois vetores podem ser relacionados nesse caso: quanto se obtém de recursos para aplicar nas ações da entidade e quantos beneficiários são atendidos. O próprio cruzamento desses vetores pode fornecer um índice: recurso por beneficiado. Claro que essa análise é por demais simplista, pois outros fatores dentro do setor não podem ser esquecidos, como a energia despendida para cada atividade e o tipo de atividade.

Considerando a comunicação uma das áreas de atividade do marketing, devemos primeiramente estudar a relação entre as atividades de marketing e o terceiro setor. Seguindo a linha de não se poder impor uma lógica sobre a outra, a utilização das técnicas de marketing no terceiro setor passa por várias discussões possíveis. A primeira diz respeito a sua gênese, uma vez que tais técnicas são oriundas da busca de lucratividade. Uma segunda abordagem envolve uma análise ética, que deve ser feita antes na área do marketing do que na atuação dupla marketing–terceiro setor. As técnicas mercadológicas vêm sendo de tal maneira distorcidas e usadas de modo tão indiscriminado que acabam por gerar uma disseminada visão contrária. É quase senso comum que marketing é sinônimo de persuasão negativa, criação de necessidades e forma de vender algo ao consumidor mesmo que ele não queira comprar. "A idéia de marketing como mentira, como maquilagem exuberante que atrai para uma armadilha de vendas, ou pelo menos como uma atividade vazia, desprovida de tutano e seriedade, tem imperado no Brasil."[8]

O problema principal, no entanto, está mais no lado operacional da aplicação dos métodos do que no lado da discussão conceitual. Independentemente das conclusões sobre a correta aplicação das técnicas, fato é que qualquer expediente mercadológico implica investimentos, e alguns envolvem valores tão substanciais que somente o primeiro setor, alguns representantes do segundo e poucos do terceiro têm condições de aplicar.

Mais do que enveredar por uma discussão da validade da aplicabilidade ou não do marketing no terceiro setor, devemos, primeiro, levar em conta que as empresas que o aplicam corretamente garantem eficiência. A relação de eficiência é colocada na definição da American Marketing Association (AMA): "Marketing é o processo de planejamento e execução do conceito, preço, co-

Meio ambiente e comunicação

municação e distribuição de idéias, bens, serviços, de modo a criar trocas que satisfaçam objetivos individuais e organizacionais".[9]

Em segundo lugar, precisamos tentar entender o que seria o marketing para o terceiro setor. Não há, no entanto, na bibliografia recente, respostas satisfatórias para isso. Muito mais que a ausência de respostas, não existem indagações que levem a essas respostas.

Algumas perguntas, entretanto, têm de ser feitas para servir como fio condutor de qualquer comparação ou tentativa de fazer uma adaptação ao uso do marketing no terceiro setor. De início, devemos usar um esquema que nos permita o encaminhamento das questões. Sob pena de enveredar por um esquema reducionista, vamos adotar como ponto de partida a famosa divisão do marketing em seus quatro Ps: produto, preço, promoção (comunicação) e ponto-de-venda (distribuição) – *product*, *price*, *promotion* e *place*, em inglês.[10] Independentemente de qualquer tentativa teórica de incrementar ou modificar o esquema, pouco, ou nada, tem-se conseguido.

No que tange ao produto, temos o seu desenho (ou do serviço), suas qualidades intrínsecas e suas características, como sabor, cor, forma, *design* (abrangência, atuação etc. para serviços). Para um produto comum, que traz em seu bojo a própria noção do retorno, a determinação é fácil. Para o terceiro setor, essa definição se torna mais difícil. O que é o produto? Como é feito? Qual é seu grau de tangibilidade? Afinal é um produto ou serviço? Quais são suas características?

A dificuldade está, efetivamente, na definição de qual é o produto. Uma questão possível é: será que o produto, no terceiro setor, é o auxílio a questões sociais? Se encararmos o auxílio como o produto, por exemplo, o terceiro setor poderá ter foco na tentativa de "vender" algo, de mostrar o que faz e qual seu intuito.

Se a definição de produto é, *per si*, uma tarefa complicada, quando se fala em distribuição, a dificuldade se potencializa. A noção de ponto-de-venda ou de "consumidor" atingido é vaga. Surgem, sem dúvida, questões como: o que é um ponto? Qual é o conceito de cobertura? Utilizam-se os canais de distribuição tradicionais? No caso de distribuição, a existência de pontos físicos é de difícil absorção para o terceiro setor, não só pela intangibilidade do que é oferecido – não existe uma loja que "venda" serviços do terceiro setor, por exemplo –, como pelos custos que a manutenção de um canal de distribuição traz. Podemos, no entanto, considerar que algumas entidades mais estruturadas vendem produtos para angariar fundos utilizando alguns pontos-de-venda de caráter tradicional, como internet ou alguns pontos físicos, como fazem o Greenpeace e o SOS Mata Atlântica. São, porém, exceções. O que se pode colocar como distribuição, e aí fica mais uma questão, é o próprio corpo de voluntários.

A noção de custo e lucratividade desemboca na construção do preço, quando se encara a questão pelo modo tradicional. No caso do terceiro setor, no entanto, não há paralelos possíveis. A tentativa plausível é utilizar a noção de captação de recursos, que, no limite, tem a mesma função do preço. Algumas perguntas – Como é calculado o preço? Como é aplicado? Qual a margem? – não apresentam sentido prático nem qualquer ligação conceitual com a temática do setor. Usando a comparação, podemos perguntar: para o terceiro setor, o preço não seria a necessidade de verba por ação?

Por fim, vamos analisar a promoção – ou comunicação, por extensão. A primeira pergunta a ser feita é: o que é comunicação para o terceiro setor? Para ele, a comunicação tem uma linha mais institucional que a utilizada pelo segundo setor. Isso se dá porque obrigatoriamente é preciso passar, antes de tudo, credibilidade. Nenhum contribuinte disponibilizará recursos a uma entidade que ele não conhece ou que destina esforços a atividades duvidosas. Comunicação, nesses casos, é passar mais do que mensagens, é passar confiabilidade.

Meio ambiente e comunicação

Outras questões aparecem em conjunto com a anterior: como é feita a comunicação do terceiro setor? O que deve ser comunicado? De que forma? Que mídia usar? A quem deve se destinar e até que ponto o público quer ver?

No setor sem fins lucrativos, a comunicação predomina: a razão de uma associação existir é ouvir seus membros, comunicar suas posições, representá-los e proporcionar *feedback*.

Em geral a mídia considera as associações como mais dignas de crédito do que seus membros, porque elas são vistas como menos interesseiras. Isso dá à associação a capacidade de defender e representar seus membros de forma que os membros individualmente não podem ou talvez não queiram fazer.[11]

Ou seja, a existência das organizações no terceiro setor obedece, de certo modo, a um critério oriundo da própria comunicação.

O respeito conquistado por uma organização e o tratamento dado pela mídia fazem que uma entidade se torne forte pelo próprio fato de ser uma. Aproveitando a alavancagem que essa definição fornece, uma instituição reforça a noção do "pertence", fator importante para a disseminação de atividades e idéias. Pertencer a uma entidade, a uma família, a uma associação é ponto de inflexão que permite à comunicação trabalhar com a matéria-prima necessária para a propagação dos trabalhos e idéias: o próprio membro.

Há fortes evidências estatísticas de que os consumidores estão realmente ascendendo ao topo da Hierarquia de Necessidades de Maslow. Isso significa que a riqueza material está cada vez menos relevante para a satisfação e felicidade pessoal, à medida que o desejo de "pertencer" ou fazer parte, de "auto-estima" e de "auto-realização" se tornam mais ascendentes e importantes [...] Novamente, ele [Maslow] formulou a hipótese de que, uma vez que a pessoa atingisse sua "imagem" de relacionamento com os outros, passaria para um nível superior de interesses. Estes relacionam-se ao grau de auto-estima de uma pessoa por sentir que "pertence" à sociedade e, além disso, por atingir sua "auto-realização", num sentido mais espiritual de se sentir valorizado.[12]

Mais do que nunca a ênfase está em identificar os públicos fundamentais, estabelecendo alvos para cada grupo e desenvolvendo as estratégias baseadas em eficientes pesquisas de consumo. Por exemplo, um dos mais populares "guarda-chuvas" mercadológicos das entidades sem fins lucrativos é "pertencer". A pessoa "pertence" à família, ou à sinfônica, ou ao centro de arte, ou ao aquário e tem regalias: privilégios na fila para a nova exposição, a oportunidade de ter contato com a companhia de dança visitante, ou um convite para a noite dos sócios no zoológico.[13]

Uma das forças do marketing é a capacidade de organizar as atividades de comunicação em uma estratégia que influencie comportamentos. Esse é o desafio da comunicação para o terceiro setor, a estratégia a ser adotada e a maneira como vai influenciar comportamentos.

Quando se fala em terceiro setor, as variantes existentes são muito extensas. Podemos reduzir os públicos em diversos grupos, começando com os membros da entidade (voluntários ou empregados), as comunidades financiadora e da mídia e aquela que recebe o atendimento da entidade.

Usando esse raciocínio, tomemos como exemplo a Turma da Canjica. Trata-se de um grupo que distribui alimentos, água e agasalhos a mendigos do centro de São Paulo. É composto por pouco menos de vinte pessoas, que angariam entre si os recursos necessários, pouco se preocupam com a mídia e ajudam o máximo de indivíduos possível. Constitui quase uma entidade virtual, com atividades localizadas e o retorno assistencial que seus membros imaginam ter, ou seja, cada um deles se encontra em "paz de espírito" após cada ação. A comunicação, para eles, quase não faz sentido no âmbito de atuação que se propõem.

Meio ambiente e comunicação 167

Uma entidade ambientalista, no entanto, age com os mesmos públicos, porém em âmbitos diferentes. Suas áreas de atuação são amplas, o público atendido vasto e a necessidade de recursos muito grande. A comunicação para esse tipo de organização é vital, em razão do grande número de pessoas a ser atingido.

Seguindo a linha sugerida pelas questões, fomos buscar algumas respostas entre as entidades ambientalistas, por meio de uma pesquisa realizada durante a disciplina Fundamentos de Comunicação para o Terceiro Setor, da professora doutora Eudosia Acuña Quinteiro, do curso de pós-graduação da ECA-USP. Com caráter acadêmico, a metodologia mesclou métodos qualitativos e quantitativos. As questões e a tabulação de respostas se encontram no anexo ao fim deste artigo.

O intuito da pesquisa foi conhecer um pouco mais sobre o aspecto prático de como as entidades ambientalistas desenvolvem seu programa de comunicação, traçando o perfil de antemão e o modo de se encarar como instituições. Elas estão voltadas para os mais variados tipos de projetos ambientais, envolvendo desde pequenas comunidades até grandes projetos, como o SOS Mata Atlântica, e, embora presentes no Brasil todo, estão concentradas no Estado de São Paulo.

No primeiro segmento da pesquisa, as perguntas diretas forneceram as melhores respostas, podendo ser quantificadas. Já no segundo bloco, perguntas diretas poderiam distorcer as respostas, uma vez que se questionavam percepções. Por essa razão, foi fornecida às entidades uma lista de instituições para que se comparassem com uma delas, e, aí sim, serem questionadas sobre sua percepção delas, por meio de uma relação de atributos.

De acordo com as respostas, pôde-se concluir que as entidades pesquisadas obtêm 50% de seus recursos dos associados e, do restante, perto de 38% das próprias atividades, que variam de cursos e palestras a assessorias das mais variadas.[14] Apesar de esse resultado passar a impressão de certo conforto no que tange à captação de recursos, mais da metade (56%) coloca essa etapa como seu maior desafio.[15] Mais que isso, os outros desafios estão, em maior ou menor grau, vinculados a algo ligado à captação.

As entidades comentam que necessitam de parcerias ou que não conseguem concretizar projetos, o que não deixa de ser a outra face da moeda: recursos. O questionamento não parece trazer novidades nem alguma notícia desconhecida. O principal problema está em sua capacidade de obter verba. As mais agressivas, do ponto de vista de ambição em realizar projetos e atender a objetivos mais audaciosos, tentam buscar mais recursos e, por conta dessa "elasticidade", estão sempre procurando novos horizontes, logo, precisando de mais dinheiro. Já entidades de menor porte e capacidade operacional limitam seu tamanho e poder de ampliação à verba que conseguem obter. A captação passa a ser o limite da própria atuação. Tanto por um enfoque como por outro, a obtenção de recursos é o principal fator para o desenvolvimento das organizações do setor e fator limitante para as ampliações.

Com trabalhos voltados à preservação da natureza e enfoques diretos sobre o ambiente, o foco em conscientização passa a tomar uma dimensão muito significativa para as entidades do terceiro setor que operam no segmento ambiental. Todas dizem empreender algum tipo de educação ambiental; 37% consideram seu público-alvo o vago "comunidade em geral", embora dediquem bom espaço de seus objetivos às comunidades de ensino e científica, e, apesar de somente 25% terem como foco primário tais comunidades, 46% se dedicam prioritariamente à educação[16] – índice que esclarece bem que esse tipo de atividade é visto como um caminho eficaz para os trabalhos vinculados ao ambiente.

Apesar dessa dedicação aos programas educacionais, as organizações do setor não possuem qualquer método para identificar

Meio ambiente e comunicação 169

com precisão a eficiência deles. Todas elas declaram fazer algum tipo de mensuração a esse respeito, mas a maioria não utiliza qualquer meio científico. Mais da metade (57%) mede a eficiência de seus programas pelo reconhecimento declarado (às vezes somente "sentido") dos participantes (alunos), da própria aceitação da comunidade e pelo aumento de demanda que seus programas vão apresentando no decorrer do tempo.[17] Poucas usam índices (e as que o fazem não esclarecem quais).

Conhecer a eficiência parece não ser a tônica do segmento. Diferentemente do segundo setor, que, buscando o retorno sobre o investimento, tem na eficácia de seus projetos ponto crucial, o terceiro setor, seja por desconhecimento, seja por não entender o necessário ou por não poder despender recursos para isso, pouco realiza a mensurações. Evidentemente, as entidades de maior porte (LBV, SOS Mata Atlântica, por exemplo) fazem mensurações e pesquisa, mas as pequenas não, por falta de recursos. Menos que saber se determinado programa surtiu efeito do ponto de vista de eficiência, o terceiro setor parece se mover pela noção de que "basta uma alma salva" para valer a pena. No limite, esse tipo de noção confere ao setor uma lógica própria, que o diferencia do segundo e do primeiro.

Tentar fazer que as métricas e os enfoques de um setor funcionem em outro pode fracassar. Não que isso não seja possível, porém são necessárias adaptações. A máxima empresarial "o que não é mensurável não é gerenciável" pode ser aplicada *ipsis litteris* ao terceiro setor, principalmente quando há porte para isso. Como no segundo setor, nas pequenas organizações, por carência de recursos, essa mensuração não ocorre.

Em média, 35% do efetivo das entidades pesquisadas é composto por pessoas contratadas (não foi foco da pesquisa o perfil dos contratados), e o restante, por voluntários, variando o número de acordo com o porte e o objetivo da instituição.[18]

170 Um sensível olhar sobre o terceiro setor

Uma entidade ambientalista se relaciona com os mais variados públicos, tanto internos (diretoria, funcionários contratados, voluntários) como externos (comunidade atingida pelos trabalhos, comunidade científica, sociedade, governo, financiadores, colaboradores etc.). Por uma questão de facilidade de vocabulário, ao argüir as organizações, optou-se pela divisão interna e externa.

A despeito de uma das principais armas das entidades que lidam com meio ambiente ser a comunicação e todas elas declararem realizar algum tipo de comunicação (desde propaganda até mala-direta), 23% delas não fazem comunicação interna.[19] As que fazem limitam-se, em sua maior parte, à comunicação formal, vista como a comunicação burocrática (atas, resumos, memorandos), deixando seus esforços dirigidos à comunicação aos públicos externos.

As organizações usam diversos expedientes para fazer sua comunicação. A forma eletrônica é a mais empregada (27% dos casos), seguida de assessoria de imprensa e impressos próprios, com 20% cada uma.[20] Também se valem de eventos e *workshops* como meio atuante para a comunicação.

O barateamento dos custos que a mídia digital trouxe, embora com espectro de atuação menor, dirigiu as entidades ambientais para sua utilização. A criação de páginas próprias ou de *newsletters* enviados por *e-mail* não requer mais do que o pagamento de um servidor e do domínio. Apesar da força desses novos expedientes, os tradicionais são bem explorados. A relação custo–audiência passa, também, pelos tipos de público e pela forma de atingi-los – fator não ignorado pelos ambientalistas. A distribuição entre as formas de comunicação acontece de maneira equilibrada, sem que haja um tipo que se sobressaia nitidamente.

Quando se enfoca o tipo de propaganda usado, aí sim, existe concentração em dois deles: a página da internet e as publicações, ambas com um terço do total. Em paralelo ao meio tradicional de

Meio ambiente e comunicação 171

divulgação – as publicações –, as páginas da internet ganham forte espaço. Sem ter sido feita uma análise qualitativa das páginas, notou-se que a maioria não passa de *folders* eletrônicos quase sem nenhuma interatividade, alguns com estética pobre e pouco sugestiva ou chamativa. Percebe-se que se trata de mais uma tentativa de propagar de alguma forma. Entre as organizações, no entanto, existem aquelas com *sites* comparáveis aos de muitas grandes organizações do segundo setor ou até melhores.

Quanto aos veículos utilizados, o meio digital aparece disparado como preferência, com 46%.[21] Isso demonstra que essa é a opção mais barata de modernizar o caminho da comunicação no terceiro setor, a despeito dos comentários feitos anteriormente a respeito da forma, que ainda não está bem definida, subtilizando o próprio meio.

A aquisição de verba para mídia se dá de forma mista, ou seja, parte é comprada (13%), parte doada (13%).[22] De qualquer maneira, independentemente de compra ou doação, o investimento em mídia pelo terceiro setor, como já visto, é muito baixo, sem muita expressividade no que tange a valores, em comparação com outros setores.

Parece não haver, no setor, preocupação, ou talvez possibilidade, de mensuração da eficiência da mídia utilizada. Do total, 36% das organizações medem, de alguma forma, a eficiência da comunicação e, ainda assim, metade das que o fazem leva em conta somente a sensação – o *feeling* –, sem qualquer método científico.[23] Os respondentes (metade deles) afirmam que "sentem" os resultados das ações por meio de conversas ou mudanças de atitudes. Não fazem qualquer medição, na acepção científica do termo.[24]

Aqui se deve observar que mesmo no segundo setor, que precisa investir com eficiência, não há métodos claros dessa medição. São poucas as formas de levantar os resultados obtidos com comunicação, mais especificamente com propaganda, e as que

172 Um sensível olhar sobre o terceiro setor

existem são metodologias caras, um contra-senso se utilizadas por organizações do terceiro setor, ciosas de cada centavo a ser captado e investido.

Portanto, o método de mensuração da eficiência no terceiro setor não foge muito ao do usado no segundo, salvo por algumas ferramentas à disposição. O *feeling*, a opinião de diretores e gerentes ainda é o método comum, salvo em organizações maiores e mais sofisticadas.

Como se define uma entidade ambientalista e qual a sua função são questões que elas próprias não sabem responder. São tantas as atividades que se propõem realizar e é tão grande o número de objetivos declarados na pesquisa que fica nítida a impossibilidade de fazer tudo o que pretendem.[25] Mais que isso, quase nenhuma é capaz de declarar em poucas palavras o que é. Todas carecem de posicionamento, o primeiro passo para traçar o caminho da comunicação.

A comparação com outras entidades, no entanto, facilitou o entendimento do que pretendem ser, mesmo não sabendo declarar o que são. A grande maioria delas se compara com o SOS Mata Atlântica. Seja pela proposição, meio de atuação, difusão, seja por outro atributo qualquer, o fato é que o SOS é o *benchmark* para o setor. "Benchmarking: não mais depender do auto-aperfeiçoamento e passar a estudar 'o desempenho de empresas de classe mundial' e a adotar as 'melhores práticas'."[26]

As entidades, em sua maioria, mesmo não atuando diretamente no campo de ação do SOS, empatizam com ele. Não só o vêem como uma organização-padrão, como sentem simpatia por suas atividades.

Por meio da comparação, buscou-se entender qual seria o posicionamento das entidades pesquisadas com base em suas percepções em relação ao campo em que atuam. "Posicionamento é o ato de desenvolver a oferta e a imagem da empresa para ocupar um lugar destacado na mente dos clientes-alvo."[27] De forma

Meio ambiente e comunicação 173

consistente e interessante, elas não se vêem como eficientes nem como atuando da forma eficaz.

Antes de entrar no aspecto da análise, é bom frisar que nem todas têm a mesma percepção, mas sim a média, conforme indicam os resultados da pesquisa. Um primeiro ponto a observar é o fato de não se perceberem como respeitadas pelo poder público – o porquê não é explicado. A despeito de o SOS acreditar ser respeitado, a maioria das entidades não se vê assim. São muitas as que pensam não receber o apoio necessário nem mesmo o respeito e dedicação que merecem ou necessitam.[28]

A maioria crê não atender muitas pessoas ou causas, fazendo menos do que acham que deveriam fazer. Nesse ponto, deve-se encarar a "ganância" por atender como a ganância por lucros do segundo setor. Qualquer entidade que considere atender o número suficiente de usuários ou acima dele fatalmente terá chegado ao ponto em que não haverá razão para aumentar esse número e, assim, estará decretando o próprio fim das atividades. É um raciocínio complexo, porém não deixa de espelhar o que acontece ao terceiro setor: o grande objetivo é ter mais objetivos. Talvez seja a pedra de toque com o segundo setor: a busca de lucro leva à busca de mais lucros.

As organizações ambientalistas pesquisadas também não acreditam que são acessíveis pelas pessoas e comunidades e crêem estar pouco envolvidas com elas.[29] Um fator pode ser levado em conta: o próprio âmbito do trabalho, que envolve áreas de atuação pouco delineáveis, uma vez que exercem atividades de grande espectro e, principalmente, o fato de ser difícil definir quem é atingido por suas ações. A quem auxilia uma entidade voltada, por exemplo, para os cuidados com espécies em extinção? Toda a população? Talvez, até, uma ação planetária.

As entidades não se vêem, apenas, de forma ineficiente. Embora creiam que o poder público não as respeita, percebem que

174   Um sensível olhar sobre o terceiro setor

contam com o respeito e a confiança da comunidade em geral.

Essa postura coincide com o que ocorre com a maioria das entidades: de um lado, sempre apontando a falta de apoio governamental; de outro, buscando firmar uma imagem de confiança perante a comunidade ou o público geral, de onde vem, de certo modo, os recursos de que necessitam.

Considerando-se honestas e simpáticas, as instituições acreditam ter apoio e conseguir atrair voluntários em certa medida. Mais que isso, sua percepção é de serem conhecedoras daquilo que fazem.[30] Nesse ponto, há uma amarração dos atributos básicos para que uma entidade do terceiro setor possa existir. Sem o conhecimento de sua área de atuação, não poderia desenvolver seus trabalhos normais. Uma organização que trabalhe com meio ambiente, diferentemente de uma instituição que se dedica unicamente ao auxílio a carentes, deve ter considerável aporte de conhecimento de tecnologia ambiental. Precisa conhecer os instrumentos necessários para promover sustentação, preservação e educação, segundo o que afirmaram as entidades ambientalistas na pesquisa.

Com base nesse conhecimento, para levar que seus objetivos a efeito, principalmente por operarem em áreas de grande alcance, seja geográfico, seja em número de atendidos (entendendo-se como área que trabalha com comunidades, vegetação ou animais), o fator confiança passa a ser primordial. Sem a necessária confiança e respeito da comunidade, qualquer trabalho em direção à consecução de seus objetivos será dificultado, se não impedido, e, por isso, a postura e a percepção de honestidade são fundamentais.

Ser conhecida, conhecer o que faz, ter respeito e apresentar-se simpática são a fórmula certa para obter voluntários. O voluntário procura espaço no qual possa ajudar. Sua exigência de realizar um trabalho útil é muito grande e, portanto, procurará as entidades cuja imagem espelhe os atributos citados.

Meio ambiente e comunicação 175

A análise global do que se apresentou na pesquisa[31] revela que, apesar de não saberem demonstrar um posicionamento definido, ao menos para o âmbito particular de suas esferas de ação, as instituições ambientalistas se polarizam em torno de alguns atributos que as fazem, quase intuitivamente, criar um posicionamento único e interessante para sua existência.

O conceito de posicionamento dentro do segundo setor traz em seu bojo a noção de diferenciação. "Diferenciação: nesse caso, o negócio se concentra em conseguir um desempenho superior em uma área importante de benefícios ao cliente, valorizada por grande parte do mercado."[32] Quando se posiciona uma empresa – ou um produto –, busca-se salientar algo que a diferencie da concorrência, uma agregação de valor que a afaste de uma *commodity,* uma proposição única de vendas (*Unique Selling Proposition* – USP). "Cada empresa deve decidir quantas diferenças (por exemplo, benefícios, características) deve promover junto a seus consumidores. Muitos profissionais de marketing defendem a promoção de apenas um benefício central – a *Unique Selling Proposition.*"[33]

A própria evolução da comunicação e do marketing leva o posicionamento a estágios em que se substitui a visão do único pela visão do emocional. Cada vez mais se buscam elementos emocionais como fatores de diferenciação, para que se possam vender produtos e serviços de maneira mais efetiva, "matando" a concorrência.

Os anunciantes passaram a se preocupar muito mais com a imagem emocional e os benefícios do estilo de vida associados aos produtos e serviços. As agências de propaganda começaram a falar de "benefícios subliminares" em oposição aos "benefícios finais concretos", para se referir à satisfação final do consumidor em termos emocionais, em vez da satisfação física racional a ser atendida no processo.[34]

176 Um sensível olhar sobre o terceiro setor

No terceiro setor, a lógica, mais uma vez, inverte-se. Pela própria característica de auxílio, de prestação de serviços à comunidade ou de ajuda a quem necessita, as instituições do setor não se vêem como concorrentes entre si, mas como uma rede de ajuda mútua. Não raro instituições servem de incubadoras para outras, que continuam a se ajudar. Desse modo, o enfoque em posicionamento no sentido clássico de criar diferenciais e de se colocar como "matador" da concorrência perde totalmente o sentido.

Com exceção das "grandes" entidades do setor ambiental, que, por possuírem algum conhecimento ou assessoria de profissionais das áreas de marketing ou comunicação, conseguem atingir objetivos mais precisos, a maioria não possui posicionamento definido e tem, por isso, dificuldades em comunicar, não quanto à forma de fazê-lo – em que, segundo a pesquisa, há certo nível de domínio –, e sim ao que comunicar.

O desafio que se delineia está voltado ao campo do posicionamento para o terceiro setor. Como posicionar uma instituição e seu trabalho por meio da criação de diferenciais, de proposições únicas ou emocionais, levando em conta que todas vêm a somar, ou seja, não concorrem entre si, mas trabalham para um fim único?

A comunicação é fundamental para que as organizações ambientalistas do terceiro setor se tornem conhecidas e possam colocar em prática seus objetivos, sobretudo os programas de educação com foco no meio ambiente, fator preponderante para criar, ou começar a criar, uma consciência ambiental.

Como visto, os objetivos e os meios estão impressos no "DNA" das entidades; muitas delas já comunicam, outras o fazem timidamente. Há necessidade de fazer que a comunicação aconteça de forma eficiente, para poupar os recursos escassos com os quais tais instituições operam. Clancy e Krieg definem a comunicação eficiente como aquela que aumenta a intenção de compra do consumidor e, obviamente, gera retornos maiores que os investimentos.[35]

Meio ambiente e comunicação

O que não se pode deixar de levar em conta são as particularidades do terceiro setor, que, por sua constituição genética e forma de atuação, não deve aceitar a lógica do segundo setor, que desenvolveu as técnicas de comunicação, de forma direta e sem as adaptações necessárias.

É preciso, antes de partir para uma tentativa de implantação ou de geração de regras "universais", que se entenda a lógica própria do terceiro setor. Só assim será possível imaginar uma comunicação adequada e eficaz, em seus moldes.

Conclusão

A necessidade de comunicação está intimamente vinculada à necessidade de resultados. As entidades ambientalistas do terceiro setor não trabalham diretamente com os beneficiários de suas ações, mas com trabalhos mediatos de conscientização pública e captação de recursos, que, para trabalhos ambientais, se tornam vultosos.

Uma forma de proliferar idéias e torná-las perenes passa por expedientes de educação ambiental, área que todas as entidades declaram contemplar. Não importa que meios adotem – científicos, empíricos ou perceptivos –, as entidades do terceiro setor se preocupam com comunicação e adotam algum meio de fazê-la. A mensuração de sua eficiência, no entanto, enfrenta os mesmos problemas que os das empresas do segundo setor. Metodologias, meios e custos são limitadores.

Restam algumas linhas e caminhos a conhecer. O que motiva as entidades ambientalistas do terceiro setor a comunicar é um ponto que carece de delineação. Os motivos podem ser múltiplos, pois, de um lado, haverá um caráter racional e, de outro, fatores a princípio imponderáveis. Além disso, que retorno esperam? O retorno pode ser encarado de modo diferenciado, conforme a organização. Algumas querem ser conhecidas; outras, ter retorno financeiro, em forma de doação. Tudo depende dos objetivos de cada uma. Somente depois de estabelecidos os objetivos é que se pode pensar em medir resultados.

As entidades ambientalistas do terceiro setor, de uma maneira ou de outra, utilizam expedientes de comunicação e sabem de sua necessidade – algumas empiricamente, outras com todo o aparato "científico" necessário. Cabe-nos, e essa é nossa parte da tarefa, entender mais a fundo as reais necessidades dessas organizações para que haja possibilidades de tornar essa tarefa tão importante mais factível.

Notas

1. Ibope Monitor, *Levantamento de dados de anunciantes, dados de 2003, relatório 2004, passim.*

2. *Ibidem.*

3. *Ibidem.*

4. *Ibidem.*

5. Philip Kotler, *Administração de marketing: a edição do novo milênio*, p. 321.

6. Don Peppers e Martha Rogers, *CRM series marketing 1 to 1 – Guia executivo para entender e implantar estratégias de Customer Relationship Management*, p. 12.

7. *Ibidem*, p. 73.

8. Adriano Silva, "Astigmatismo", *Exame*, ed. 663.

9. American Marketing Association, "Marketing News, mar. 1985", p. 6.

10. E. Jerome McCarthy, *Basic marketing: a managerial approach*, p. 37.

11. Frank M. Corrado, *A força da comunicação*, p. 208.

12. Pringle Hamish e Marjorie Thompson, *Marketing social*, p. 12 e 26.

13. Frank M. Corrado, *op. cit.*, p. 209.

14. Sydney Manzione, Luiz Renato Ignarra e Juliana Cortez, *Meio ambiente e comunicação*, p. 24.

Meio ambiente e comunicação   179

15. *Ibidem*, p. 29.
16. *Ibidem*, p. 26.
17. *Ibidem*, p. 35.
18. *Ibidem*, p. 28.
19. *Ibidem*, p. 37.
20. *Ibidem*, p. 40.
21. *Ibidem*, p. 42.
22. *Ibidem*, p. 43.
23. *Ibidem*, p. 44.
24. *Ibidem*, p. 45.
25. *Ibidem*, p. 31.
26. Philip Kotler, *op. cit.*, p. 49.
27. *Ibidem*, p. 321.
28. Sydney Manzione, Luiz Renato Ignarra e Juliana Cortez, *Meio ambiente e comunicação*, p. 49.
29. *Ibidem*.
30. *Ibidem*.
31. *Ibidem*.
32. Philip Kotler, *op. cit.*, p. 102.
33. *Ibidem*, p. 322.
34. Pringle Hamish e Marjorie Thompson, *Marketing social*, p. 68.
35. Kevin Clancy e Peter Krieg, *Marketing contra-intuitivo*, p. 204.

Referências bibliográficas

CALLEMBACH, Ernest *et al. Gerenciamento ecológico – ecomanagement. Guia do Instituto Elmwood de Auditoria Ecológica e Negócios Sustentáveis*. São Paulo: Cultrix, 1993.

CLANCY, Kevin; KRIEG, Peter. *Marketing contra-intuitivo*. Rio de Janeiro: Campus, 2002.

CORRADO, Frank M. *A força da comunicação*. São Paulo: Makron, 1994.

180   Um sensível olhar sobre o terceiro setor

FALCONER, Andres. *A promessa do terceiro Setor*. Apostila. São Paulo: Centro de Estudos em Administração do Terceiro Setor, Universidade de São Paulo, 1999.

GRAHAM, Hooley; SAUNDERS, John; PIERCY, Nigel. *Estratégia de marketing e posicionamento competitivo*. São Paulo: Prentice Hall, 2001.

HAMISH, Pringle; THOMPSON, Marjorie. *Marketing social*. São Paulo: Makron Books, 2000.

IBOPE MONITOR. *Levantamento de dados de anunciantes, dados de 2002, relatório 2003*. São Paulo: Instituto Brasileiro de Opinião Pública e Estatística – Ibope, 2004.

KOTLER, Philip. *Administração de marketing: a edição do novo milênio*. São Paulo: Prentice Hall, 2000.

_____. *Marketing para o século XXI*. São Paulo: Futura, 2001.

MANZIONE, Sydney; IGNARRA, Luiz Renato; CORTEZ, Juliana. *Meio ambiente e comunicação*. Trabalho realizado para a cadeira de Fundamentos de Comunicação para o Terceiro Setor, da Profa. Dra. Eudosia Acuña Quinteiro. São Paulo: ECA-USP, 2003.

McCARTHY, E. Jerome. *Basic marketing: a managerial approach*. Illinois: Homewood, 1996.

PEPPERS, Don; ROGERS, Martha. *CRM series marketing 1 to 1 – Guia executivo para entender e implantar estratégias de Customer Relationship Management*. São Paulo: Peppers and Rogers Group do Brasil, 2000.

SEMENIK, Richard J.; BAMOSSY, Gary J. *Princípios de marketing*. São Paulo: Makron, 1995.

SILVA, Adriano. Astigmatismo. *Exame*, São Paulo, ed. 663, 3 jun. 1998. Disponível em: http://exame.abril.com.br/edicoes/663/anteriores/conteudo_8211.shtml. Acesso em 9 mar. 2004. Conteúdo exclusivo para assinantes *Exame*.

Meio ambiente e comunicação 181

Anexo

Questionário aplicado e tabulação das informações

Prezado respondente,

Somos um grupo de estudantes dos programas de pós-graduação da ECA-USP, na linha de pesquisa de terceiro setor. Nosso objetivo é o conhecimento mais profundo das atividades desse setor para direcionarmos ações práticas e não somente acadêmicas. Pedimos sua colaboração respondendo a essa pesquisa. De antemão agradecemos.

1. Você permite que usemos as respostas usando o nome de sua instituição? (Caso não permita, suas respostas serão somadas a outras, garantindo sua total privacidade.)

    (   ) Sim   (   ) Não

2. Nome da instituição: _____

3. Nome da mantenedora: _____

4. Endereço: _____

Tempo médio de existência das instituições até a data da pesquisa: 13 anos

5. Ano da fundação: _____

6. Objetivo da instituição:

_____

_____

_____

_____

7. Atividades desenvolvidas:

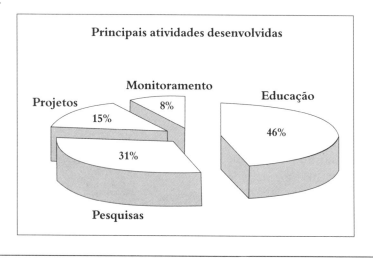

8. Público-alvo: _____

9. Perfil das pessoas atendidas: _____

10. Quantidade de pessoas atendidas: _____

11. Quantas pessoas trabalham na associação:
    Empregadas: _____   Voluntárias: _____

12. Qual é a fonte de recursos da instituição? _____
_____

13. Qual a maior dificuldade da instituição?
_____
_____

Meio ambiente e comunicação

14. A instituição faz algum tipo de educação ambiental?

(   ) Sim   (   ) Não

15. Que tipo? _____

16. Como é medido o nível de eficiência dessa iniciativa? _____
_____

Mensuração de eficiência

64%
Não mede

36%
Mede

17. A instituição faz algum tipo de comunicação interna?

(   ) Não   (   ) Sim   Qual? _____

18. E externa?

(   ) Não   (   ) Sim   Qual? _____

19. Que tipo de comunicação é feita?

_____
_____

20. Que tipo de mídia é utilizada?

_____
_____

21. Quanto à mídia, a instituição:

(   ) Paga   (   ) Recebe de donativo   (   ) Misto

22. A eficiência da comunicação é medida? Como?
_____
_____

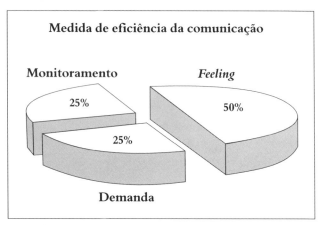

23. Com qual dessas instituições a sua mais se parece ou tem afinidade? (Pedimos aqui que se leve em conta somente a imagem das instituições, não levando em conta juízo de valores ou eventuais críticas.) – Marque uma só opção.

(   ) Greenpeace   (   ) Instituto Ecoar para Cidadania – Ecoar
(   ) SOS Mata Atlântica   (   ) Associação de Defesa do Meio Ambiente de São Paulo – Adema

24. Considerando as seguintes instituições, dê uma nota de 1 a 5 em cada item para cada instituição. (Se você não conhece, responda baseado na sua percepção.) – Uma nota por atributo por organização.

Média de notas	Greenpeace	SOS	Ecoar	Adema
simpatia	4,4	4,6	4,3	3,7
eficiência	4,3	4,1	4,2	3,5
conhecimento	4,5	4,6	4,3	3,5
confiabilidade	4,8	4,5	4,1	3,5

(Continuação)

Média de notas	Greenpeace	SOS	Ecoar	Adema
honestidade	4,5	4,3	4,4	3,5
atender muitos	3,9	4,3	4,0	3,0
acessibilidade	3,5	4,1	3,6	3,2
ter propostas concretas	4,4	4,3	4,4	3,7
ter apoio	4,5	4,6	3,8	3,3
ser respeitada	4,8	4,8	4,1	3,3
ser respeitada pelo poder público	3,8	4,5	3,9	3,5
ter espaço na mídia	4,8	4,7	2,9	3,0
atratibilidade de voluntários	4,8	4,3	3,7	3,2
ter envolvimento na comunidade	3,0	3,5	3,9	3,0

Nota por atributo por organização.

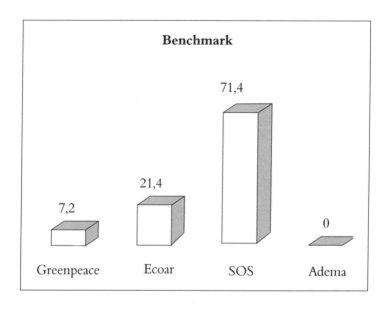

Posicionamento

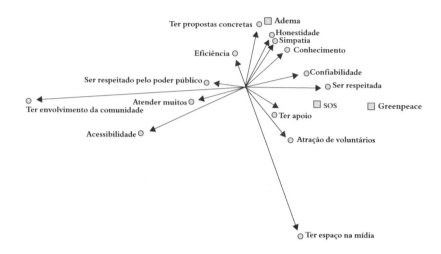

Realmente muito obrigado pela sua colaboração.

Se sua instituição possuir material de divulgação, pedimos que, se possível, nos encaminhe. Se for por meio eletrônico, mande anexado no mesmo endereço em que foi enviada a pesquisa; caso contrário, para o endereço anexo.

Educomunicação: novo campo de atuação profissional e o terceiro setor

Leda Yukiko Matayoshi

Introdução

A partir dos anos 1990, um dos assuntos que começaram a ganhar destaque no Brasil foi o terceiro setor. Caracterizado como um conjunto de iniciativas privadas, sem finalidades de lucro, direcionadas para o bem-estar público, sua composição abriga organizações da sociedade civil de atividades assistenciais e beneficentes, grupos comunitários, movimentos sociais, filantropia empresarial, organizações não-governamentais (ONGs), dentre outras não motivadas pelo lucro financeiro. Para os pesquisadores da Fundação Getúlio Vargas, de São Paulo, Mário Aquino Alves e Luiz Carlos Merege[1], a emergência desse segmento no Brasil, como área de atuação efetiva, deu-se em virtude da falência do Estado, o governo ou primeiro setor, na área de bem-estar social, com uma gestão geradora de desigualdades e exclusão social de muitos cidadãos. Em outra vertente, havia certa falta de estímulo para que o segmento empresarial, o segundo setor, apoiasse de maneira contínua e planejada ações em favor de uma sociedade mais igualitária e não apenas vista como alvo de lucro financeiro. A articulação das organizações da sociedade civil em prol do bem coletivo traduz a esfera de atuação do terceiro setor, que entrou em processo de construção de sua identidade, como segmento organizado, por meio da profissionalização de várias áreas.

A consolidação do terceiro setor como campo de atuação profissional atraiu a atenção de estudiosos e especialistas, principalmente das áreas de administração, com destaque para o marketing voltado à captação de recursos. Grande parte das discussões sobre o terceiro setor passou a gravitar em torno de questões gerenciais como fator fundamental para uma *performance* efetiva. Poucos eram os questionamentos em outras dimensões, entre elas comunicação e educação nesse segmento, pontos igualmente importantes quando se trata da construção da cidadania, foco das organizações da sociedade civil preocupadas com os excluídos da sociedade.

Minha atenção para uma discussão fundamentada sobre tais questões tomou vulto quando me tornei aluna das disciplinas de pós-graduação Comunicação e Educação: Práticas e Vertentes, na Escola de Comunicações e Artes, e Exclusão e Inclusão: Perspectivas Culturais relativas à Educação de Populações Excluídas, na Faculdade de Educação, ambas na Universidade de São Paulo. Após treze anos de práxis no terceiro setor, pela primeira vez tive a oportunidade de vislumbrar um cenário de discussão teórica tão bem construído pelo conteúdo dessas disciplinas. Da problematização do conceito de exclusão/inclusão, contemplando também uma abordagem de perspectiva antropológica, à busca da compreensão da relação comunicação–educação e da consolidação de um novo campo de atuação profissional, cheguei a um momento de reorganização das informações com cautelosa reflexão sobre elas, considerando não esgotar nenhuma possibilidade. Ao contrário, como em um hipertexto[2], o assunto propiciou muitos *links*[3] para a continuidade de meu estudo. E mais: discussões nesses níveis revelam uma perspectiva de mudança no papel da universidade, que tem sido vista como um espaço de produção de conhecimento voltado às necessidades do mercado e distante dos fenômenos sociais, com destaque para a exclusão social no Brasil.

Experiências como a relatada pelo antropólogo norte-americano Michael Cole[4], sobre comportamentos diferenciados de crianças nas salas de aula e nos programas de atividades fora delas, evidenciam a necessidade e a importância de discutir as ações educativas e seus meios no âmbito da "educação formal" *versus* "não formal". Sem dúvida alguma, a educação não formal configura-se como o contexto educativo de atuação das organizações do terceiro setor, e é nela que se depositam as expectativas quanto ao surgimento ou consolidação de novas áreas de atuação profissional, como as da comunicação e da educação. Ambas, segundo o pesquisador Ismar de Oliveira Soares, possuem uma inter-relação que resulta em um "novo campo de intervenção social não exclusivamente escolar".[5]

Tal reflexão certamente contribuirá de forma significativa para as áreas envolvidas, principalmente para o terceiro setor, levando em conta a escassez de fundamentação teórica a respeito da ação desse segmento. Ou seja, pautado eminentemente pela prática, até por uma questão da própria razão de existir como "setor de apaga-incêndios", atendendo a premências não supridas pelo governo, o terceiro setor carece de elementos para uma auto-reflexão. Muitas das ações implementadas por organizações da sociedade civil, ten-

190 Um sensível olhar sobre o terceiro setor

do por base a emoção do amparar, podem levar a outras situações de exclusão e/ou desigualdade. Incluem-se nesse caso instituições que trabalham com educação profissional, como o Serviço Nacional de Aprendizagem Comercial (Senac) e o Serviço Nacional de Aprendizagem Industrial (Senai). Com um senso excessivamente pragmático, essas organizações muitas vezes atendem muito mais às políticas reguladoras do mercado em detrimento de uma educação realmente voltada à construção da cidadania por meio da capacitação profissional. Há muito pouco espaço para a reflexão crítica sobre a própria condição do capacitado.

Como observa Cecília Peruzzo[6], é no contexto de ação das organizações e dos movimentos populares do terceiro setor que a discussão da inter-relação comunicação–educação encontra campo fértil. É nesse âmbito que está visível um processo de educação não formal que influi diretamente nas representações sociais e na construção cidadã dos indivíduos. Peruzzo destaca a existência de uma comunicação diferenciada no contexto das ações organizadas da sociedade civil, com uso criativo das tecnologias de comunicação e com ações educativas à margem do espaço de educação formal. Então, também há uma educação diferenciada de acordo com as peculiaridades e especificidades do terceiro setor? Em que aspectos? Por exemplo, quem pode determinar os limites entre o certo e o errado na prática pedagógica de ações sociais voltadas para o atendimento dos moradores de rua, que, conforme esclarece a pesquisadora Maria Cecília Loschiavo dos Santos, "rompeu com valores básicos de reprodução da sociedade capitalista: o mercado, a relação entre o espaço público e o privado, a relação com o tempo"?[7]

Por meio de vários exemplos da condição humana dos excluídos é possível entender a urgência de uma discussão pautada por estudos sérios e bem fundamentados, voltada não para a mera circulação de informações ou de intercâmbio de áreas de conheci-

Educomunicação: novo campo de atuação... 191

mento, mas principalmente para a melhoria na qualidade da prestação de serviços sociais. Contudo, o mais preocupante para consolidar a relação dos campos da comunicação e da educação com o terceiro setor parece ser o fator mudança nas práticas ou nas aplicações do saber específico. Como toda novidade e inevitáveis ingerências, até por necessidade, a inter-relação entre essas áreas demandará muita flexibilidade de todos os envolvidos, levando em conta as características de cada um. Tal reflexão, parece, exigirá como aspecto norteador diálogos basicamente pautados pela humildade, uma vez que mudanças exigem abandono de posturas muitas vezes mantidas por orgulho e vaidade.

Conceitos

Um dos conceitos mais complexos em discussão talvez seja o da exclusão/inclusão. Como afirma Bader Sawaia[8], é uma dialética geradora de muitas subjetividades específicas traduzidas por sentimentos de inclusão, de discriminação ou até de revolta. Por outro lado, não é interessante cercear o conceito em apenas duas vertentes, a econômica, que limita a exclusão como sinônimo de pobreza, e a social, que pressupõe a discriminação atenuando a questão da injustiça social. Um olhar para dentro das organizações do terceiro setor descortina outros detalhes fundamentais nessa discussão conceitual, dentre eles a questão das culturas organizacionais e das crenças e filosofias.

Para Boaventura de Sousa Santos[9], a *esfera socioeconômica* traduz a esfera da desigualdade, tendo Karl Marx como o grande crítico, enquanto o fenômeno da exclusão, com as questões simbólicas e morais, está vinculado à *esfera sociocultural*, vertente cujo grande teorizador é Michel Foucault. Ambas são sistemas de pertença hierarquizada em que os princípios norteadores podem ser universalistas ou diferencialistas, com o intuito de eliminar a exclusão ou a desigualdade. Na primeira linha de pensamen-

192   Um sensível olhar sobre o terceiro setor

to, negam-se as diferenças e a homogeneização é orientada pelo princípio da cidadania e igualdade abstrata dos direitos; na outra corrente, absolutiza-se a diferença e leva-se a pensar o excluído como o responsável pela própria exclusão conforme um discurso da verdade, de interditos sociais e até de determinismo biológico. Assim, segundo Santos, estar incluído é pertencer, mesmo que de maneira desigual; estar excluído é ser diferente, fora das normas homogeneizadoras.

Santos também enuncia que a modernidade capitalista, ao mesmo tempo que gera a desigualdade e a exclusão, cria mecanismos para controle ou manutenção de tais processos dentro de certos limites. É nesse ponto que se observa a existência de uma *gestão controlada* do sistema de desigualdade/exclusão em que é importante centrar as ações de comunicação, de educação e do terceiro setor, porque estas envolvem razões éticas e políticas quando se trata da construção da cidadania. Sem aprofundar a discussão, pode-se lançar a questão do posicionamento da educação e da comunicação em bases mais comerciais, em resposta ao contexto competitivo do setor empresarial. Para Roger Dale[10], a instauração de um mercado educacional uniforme baseia-se em critérios de exclusão cada vez mais homogêneos, segundo classe, gênero e etnia. E o que dizer das avançadas tecnologias para disseminação da informação como mecanismos de exclusão seja de agentes, seja de organizações? Estar ou não informatizado, conhecer e manipular tecnologias já são elementos de diferença de tratamento nas relações sociais. Estaria aqui mais um aspecto da gestão controlada do sistema de desigualdade/exclusão: exigir, mas dificultar o acesso às tecnologias? Infelizmente, esse aspecto já permeia o terceiro setor.

Especialistas em *tecnologia educacional,* Marisa Narcizo Sampaio e Lígia Silva Leite[11] falam da diversificação das estratégias de aprendizagem informal com o advento dos avanços tecnológicos. E alertam:

Educomunicação: novo campo de atuação... 193

a escola, como parte do mundo de conhecimento em mudança, precisa integrar-se ao processo para que este não se torne mais um mecanismo de exclusão social. As pesquisadoras destacam, então, o novo desafio para os educadores: lidar, de forma pedagógica, com as ferramentas e sua linguagem para a formação de cidadãos capazes de atuar democraticamente na sociedade. Assim, a alfabetização tecnológica do educador torna-se elemento essencial à revitalização de sua prática pedagógica, adequando-o à nova realidade e otimizando sua ação com os educandos. Aqui se leva em conta também a prática educativa no contexto das organizações do terceiro setor, e não somente no âmbito da escola formal.

Mudar ou não mudar? Eis a questão

Tudo que se traduz por novo excita, atrai, incomoda. Assim também se apresenta o novo campo de intervenção denominado *educomunicação*, área de convergência de saberes e ações que sempre estiveram presentes, mas que nunca foram configurados da maneira como têm sido propostos por essa nomeação. Trata-se de um campo muito polêmico.

A educação e a comunicação, em suas vertentes de ação formal, têm seu repertório conhecido e discutido. Então, por que tanta discussão defensiva para consolidar a educomunicação como área de atuação? Será porque mudar dá trabalho, ou seja, rever-se implica assumir e renunciar? Parece ser essa a sensação que tal campo causa nos que já se encontram envolvidos, mas ainda sem adesão consciente ou aceitação do contexto.

É uma área de conhecimento que propõe mudança nas finalidades de uso dos talentos convencionais, porém com revitalização no *como* e *por que* fazer. Tanto os educadores como os comunicadores e seus meios necessitam refletir sobre a nova realidade social que está se formando a partir do despertar, espontâneo ou não, da consciência cidadã dos indivíduos. A busca do uso das tecnologias como meios de inserção social; o discurso sobre a democratização do acesso à escola, mas não ao conhecimento; a força com que o terceiro setor vem emergindo atestam a transformação social importante que se está operando a olhos vistos.

É um contexto de transformações que pressupõe também mudança de postura no direcionamento dos talentos, e não perda de poderes, como pensam muitos representantes mais resistentes, que engessam as ações da educação e da comunicação e mesmo do próprio terceiro setor em seu momento racional de profissionalização. A proposta de convergência de saberes parece conduzir à oxigenação da relação entre essas áreas e outras que pretendam mudanças positivas na sociedade.

Pesquisa sobre o perfil do profissional desse campo de inter-relação, apresentada em um estudo de Ismar de Oliveira Soares[12], deixa bem claro que a consolidação da nova área está na etapa da busca de informações: 50% dos especialistas arrolados revelam dedicação aos *estudos epistemológicos* sobre o tema. Isso do lado do profissional que atua na esfera da educomunicação. E do lado do educando? Em que momento estaria esse ator social diante desse novo campo de intervenção? Demandando e pressionando a consolidação teórica da área? Será que o educando dos novos tempos fez surgir uma novidade ainda de difícil aceitação?

De modo geral, observa-se que o grande desafio é assumir uma inovação necessária. O campo da educomunicação é um espaço de decisões por mudanças direcionadas à integração dos talentos, tendo como foco principal o educando e seu universo de expectativas e perspectivas. Vale lembrar que se está falando tanto do espaço da educação formal como do da educação não formal, no qual se entende que estão inseridas as organizações do terceiro setor.

Os conflitos da inter-relação entre essas duas grandes áreas consolidadas deixam claro que a transdisciplinaridade é o grande norteador da discussão teórica e prática. Esse campo de conver-

Educomunicação: novo campo de atuação... 195

gência requer uma composição harmônica de especialistas diferentes em seus pontos de vista, mas competentes o suficiente para vislumbrar um contorno integral do indivíduo em suas reais expectativas e necessidades.

O profissional da educomunicação, ou *educomunicador*, traz, então, um perfil bem definido e voltado para a prática multiprofissional, assumindo-se como alguém que não pode responder sozinho a todas as perguntas. E a construção do educando-cidadão demanda respostas articuladas de distintos especialistas com foco na edificação de um mundo melhor. O perfil do educomunicador abrange muito do que diz o romancista Francis Scott Fitzgerald: "O teste de uma inteligência de primeira ordem é a capacidade de manter no espírito duas idéias aparentemente opostas ao mesmo tempo, sem perder a capacidade de funcionar".

Onde está o equilíbrio?

Paulo Freire afirma ser falso o dilema "humanismo *versus* tecnologia", porque ambos os extremos, em ação isolada, tendem ao fracasso no que se refere à educação no desenvolvimento atual de nossa sociedade. John Dewey[13], quando trata da educação tradicional *versus* progressista, também questiona os posicionamentos extremistas que surgem, muitas vezes de maneira automática, em detrimento da busca construtiva.

Parece que estamos diante de um dilema muito mais voltado a rever os papéis e as funções no novo contexto que se delineia ante necessidades reais. Sim, os tempos mudaram. Sim, as necessidades das pessoas são outras. Sim, a forma de atender a essas necessidades também tem característica distinta, compatível com a disponibilidade tecnológica e o perfil da demanda. Efetivamente, ainda seguindo o pensamento de Paulo Freire, não se pode pensar a educação em oposição à capacidade técnica do educando, tampouco esquecer sua humanização quando se prioriza sua especialização.

Os agentes confundem-se com os meios no contexto da prática educacional em tempos de avançadas tecnologias. Os meios, como componentes pedagógicos, vêm reforçar o caráter social e comunitário da educação, e não substituir agentes imprescindíveis à efetividade dessa relação. Para o desenvolvimento e construção do conhecimento do mundo presente com os educandos, é fundamental fomentar o aprendizado pela experiência conjunta, conforme proposta de Dewey. Nesse sentido, as aulas virtuais tendem a apresentar certa fragilidade em sua eficiência dada a ausência patente de interação social.

No contexto atual, as relações presencial e virtual diferenciam-se eminentemente pela maneira com que se estabelece a relação dialógica em seus mecanismos de ação. A primeira privilegia a percepção mais direta do que o antropólogo Gerald D. Berreman[14] denomina *máscaras*, ou seja, é possível perceber melhor sentimentos ou intenções quando os interlocutores interagem na presença física um do outro. Para cada situação há uma *máscara* ou forma de expressão do indivíduo, que muito dificilmente será percebida na relação virtual, levando em conta a ausência da percepção visual do interlocutor pelo monitor ou outra moderna tecnologia de comunicação.

O humano do ser deve ter sempre a prioridade. Assim, de pleno acordo com o educador e revolucionário Paulo Freire[15], o trabalho educativo precisa se fundamentar em uma relação íntima e dialogal com a sociedade, em que se dá todo o processo, priorizando as interações intergrupais que fomentem a capacidade de realização dos indivíduos. Aqui também poderia ser colocada em discussão a gestão do controle da desigualdade/exclusão, quando esta *diminui* educador e educando em favor de outros interesses.

Qualquer problema que afete a sociedade como um todo deve ser discutido com ela e seus principais atores envolvidos. Até o momento, os estudos sobre o campo da inter-relação comunicação–educação têm demonstrado conflitos importantes no que se refere às expectativas de educadores e educandos sem levar em consideração outros agentes emissores e receptores e os meios utilizados. Nesse sentido, quando se fala em criação de uma política de educação pelos meios, é fundamental perguntar e perceber a posição dos que se consideram envolvidos nesse universo recém-descoberto para muitos. Qual é o grau de percepção desses indivíduos sobre a inter-relação educomunicação? Quanto eles se sentem parte desse fenômeno social? Quais são os indicadores tangíveis quanto a seu envolvimento e potencial de realização nesse campo? Essas e muitas outras questões vêm à mente quando, muitas vezes, discutem-se mudanças na vida dos outros sem perguntar ou conhecer diretamente se querem ou não mudar. Aliás, nem bem se sabe se esses indivíduos percebem a necessidade de mudar e de que modo poderiam fazer isso satisfatoriamente.

Quando o educador Philippe Perrenoud[16] discorre sobre uma pedagogia que respeite as diferenças, fala de uma *relação pragmática* com o saber, com as tecnologias, com a clara intenção de propiciar espaço para a livre criação do indivíduo, além dos padrões estabelecidos, ou seja, permitir aos indivíduos estar no mundo e ser parte dele, na visão de Paulo Freire. Como mencionado, é importante pensar a política de educação pelos meios com os públicos ou agentes interessados para que, mais uma vez, não se enverede pelo caminho de uma política excludente com gestão controlada da desigualdade e da exclusão. Essa é uma situação que se verifica hoje, na medida em que muitos estão diante dos equipamentos midiáticos e não fazem uso eficiente deles em virtude da falta de educação tecnológica para utilização dessas ferramentas com fins educativos. Na década passada, Boaventura de Sousa Santos[17] já enunciava um espaço eletrônico permeado pelo sistema de desigualdade/exclusão, considerando que esse fenômeno tem estreita ligação com o conhecimento e a tecnologia.

Um sensível olhar sobre o terceiro setor

Parece que, em se tratando de estabelecer políticas de educação midiática, precisamos ter muita cautela para, mais uma vez, não acabar fazendo parte do "inferno dos bem-intencionados". Novamente, invoca-se a sabedoria de Paulo Freire, que sempre está desenvolvendo a liberdade de pensamento e ação dos indivíduos quando propõe buscar respostas ao processo de educação na própria natureza do homem, que, ao se identificar com sua ação, constrói a história da humanidade.

Ritmo e mudança

Os argumentos do determinismo tecnicista de Marshall McLuhan remetem a uma reflexão sobre a importância do ritmo dos indivíduos no acompanhamento de mudanças na sociedade. É interessante sair do aparente reducionismo desse pensador – principalmente quando proclama que "as novas tecnologias representam o núcleo das transformações sociais" – e buscar entender quais limites e barreiras separam as tecnologias do homem e quais o aproximam. O consagrado pensamento mcluhiano que professa serem os meios de comunicação "extensões do homem" e que "o meio é a mensagem" deixa entrever a inevitável presença humana em meio às tecnologias, com destaque para as diferenças no ritmo da compreensão e adesão a elas.

Talvez um ponto de partida para a reflexão sobre a questão do ritmo mediante a adoção efetiva das novas tecnologias de comunicação seja a tão comentada "diferença de gerações". Pedro Gilberto Gomes, em sua obra que discute as vertentes filosófica, ética e política da comunicação social, revela uma preocupação com o ritmo gerado pelas novas tecnologias, em que o abismo entre as gerações também se faz concretamente presente: jovens e crianças manejam com espantosa facilidade o ciberespaço, enquanto gerações mais velhas demonstram certa rejeição ou dificuldade em face de novas tecnologias. Aparentemente, o uso dos meios de comunicação para e na educação encontra um forte ponto de conflito quanto à postura dos agentes envolvidos: de um lado, os educandos, que, como representantes da geração das novas mídias, elegem estas como ferramentas indiscutíveis de intermediação das mensagens em geral; de outro, os educadores, e, dentre eles, os refratários às novas tecnologias, seja por postura ideológica – preferem a "galáxia Gutenberg" –, seja por absoluta falta de capacitação ou educação para os meios. Nesse sentido, é fundamental empreender muitas discussões a respeito dessa relação e seus envolvidos, ouvir as partes para buscar um ponto de convergência ou de convivência pacífica e produtiva.

É importante que, ao tentar compreender os fenômenos em torno da inter-relação comunicação–educação, se entenda o ritmo dos atores sociais envolvidos nessa trama. Pedro Gomes, quando fala do trabalho da Unesco que estimulou, na década de 1950, países do Terceiro Mundo a realizar grandes investimentos em estruturas de comunicação avançadas para a educação, lembra que, naquele momento, o avanço nas tecnologias de comunicação eletrônica ocorreu sem o desenvolvimento prévio de uma cultura da leitura dos meios impressos, culminando em fracassos nos investimentos, salto que foi desastroso na evolução dos acontecimentos. É assim que, mais uma vez, se chama a atenção para um estudo do ritmo ou dos vários ritmos envolvidos na formação de uma cultura da leitura dos meios eletrônicos, tendo em vista uma cultura transformadora e de construção da cidadania nos indivíduos.

De um ângulo geral, percebe-se um momento significativo de transição no campo da educomunicação. Nesse contexto de exaustivas discussões, que sem dúvida geram epistemologias, formulação de novas teorias do conhecimento, existe a possibilidade de consolidação dessa área de forma concreta, realista e, quem sabe, sem privilegiar injustamente alguma posição mais extremista ou radical em detrimento de um desenvolvimento saudável de homens e tecnologias. E isso obviamente inclui a ação educativa, que precisa ser pensada de modo não fragmentário e na qual as ferramentas não devem ser vistas como substitutivas da relação e do contato humano.

Parece que, na realidade, diante de novas constatações, sempre é necessário um tempo de maturação das idéias para consolidação de posturas diferentes. De qualquer maneira, os meios não têm vida própria como muitos levam a pensar. Os agentes é que precisam ser conscientizados de suas ações, por mínimas e inofensivas que pareçam, cientes de uma inevitável lei de ação e reação.

Formas, conteúdos e agentes

Ismar Soares expõe, com extrema clareza, a realidade norte-americana, em que as grandes vítimas de uma educação orientada pelo mercado são as crianças e os adolescentes. Ele inclui na discussão o nocivo conteúdo programático da TV, pautado pela violência, que leva as crianças, como vertente mais sensível, a uma formação distorcida em seus valores humanos de auto-respeito e convivência pacífica. Conforme apresenta Soares, a idéia da infância está desaparecendo nos Estados Unidos. Contudo, um artigo da antropóloga Donna Goldstein chama a atenção para a realidade brasileira: "A infância é vivida e sentida de forma diferenciada pelas classes que caracterizam a cultura urbana brasileira. De fato, no Brasil, a infância é um privilégio dos ricos e praticamente inexistente para os pobres".[18] Uma indagação pode ser feita: quanto essas realidades se aproximam pela ação dos meios, ou seja, que fatores de exclusão humana, social, intelectual, dentre outros, permeiam ambos os contextos?

Observando o conteúdo da programação diária no Brasil, principalmente na televisão, percebe-se que o escândalo, as ações negativas, a violência continuam sendo o "carro-chefe" da audiência das emissoras, mesmo nas atrações para o público infanto-juvenil. E, de certa maneira, as crianças das classes sociais baixas também ficam expostas a essa emissão, seja pelos próprios aparelhos de TV em seus lares, seja pelos que funcionam nas lojas de eletrodomésticos ou em outros locais acessíveis ao público. Além disso, também têm acesso à violência pela mídia impressa explicitamente ativa nas ruas, bancas de jornal e outros lugares de livre acesso. No entanto, conforme alerta o pesquisador Guillermo Orozco[19], mais do que simplesmente se opor ou aceitar pacificamente a polêmica meios *versus* crianças, é muito mais efetivo que os educadores e as instituições assumam seu papel de mediadores críticos do processo de recepção e eduquem a audiência para uma leitura crítica dessa "escola paralela" instalada pelos meios de comunicação de massa.

Suponha-se que haja muitas críticas sobre as ações da televisão, seja em sua maneira de informar, seja no estilo de formar opiniões, entendendo que os meios de cunho empresarial educam de forma apropriada a seus interesses. Nesse sentido, pensar um currículo em espaço televisivo, de certo ponto, exige refletir e agir de modo distinto do que se tem testemunhado regularmente. Primeiro, manter o foco em uma recepção ativa, levando em conta aspectos relevantes como os indicados por José Luis Olivari Reyes[20], dentre os quais destacam-se: o caráter polidiscursivo da TV, a relação emocional, o construtivismo da recepção e o significado existencial. E aqui se enfatiza a importância da compreensão da linguagem envolvida, pois, como ensina a pesquisadora Mary Julia Martins Dietzsch[21], ela é a mediadora das relações educador–educando e o combustível da interatividade no ambiente em que se encontram. Dietzsch afirma também que a concepção da linguagem envolve a organização do espaço das salas de aula. Ambos os aspectos merecem pesquisas aprofundadas quando se referem aos programas socioeducativos do terceiro setor, pelo fato de se apresentarem bastante diversificados e muito peculiares aos limites das organizações.

Toda iniciativa para implementação de idéias demanda recursos humanos e materiais. Não é diferente no campo da *media literacy*, ou na educação pelos meios. Contudo, Ismar de Oliveira Soares[22] revela que, nessa área, uma das grandes dificuldades assenta-se na realização de uma política ante o que se pode denominar de cultura consolidada.

Pensar a formação de especialistas e a conscientização dos docentes é deparar com uma cultura arraigada do fazer conforme conceitos verticalmente hierarquizados. É nas escolas públicas que mais se encontram dificuldades para empreender a transformação pessoal e profissional do professor. Há muito tempo que se dá cumprimento a currículos predeterminados e que os preconceitos em torno dos papéis do aluno e do professor estão definidos, limitados, sem contar a dificuldade de aceitação ou reconhecimento de uma democratização da informação e da comunicação disponibilizadas pelas tecnologias.

Ante os avanços alavancados pelas novas tecnologias, parece que a educação está sendo revisitada em suas finalidades e meios para formar pessoas capazes de lidar com as desafiadoras rotinas de mudanças contínuas. A sociedade educativa está diante de uma necessidade premente de pessoas capazes de lidar com as grandes e rápidas transformações planetárias. É uma sociedade que transcende a sociedade da mera informação, porque implica compartilhar, de forma ética, os conhecimentos.

Assim, formar os recursos humanos representados pelos especialistas e docentes remete a pensar estratégias que levem em conta aprendizagens fundamentais para que os educadores/comunicadores, nas palavras de Elizabeth Martucci[23], estejam abertos para "aprender a conhecer, aprender a fazer, aprender a viver juntos, aprender a ser".

Mais do que o domínio de ferramentas ou de investimentos materiais, é preciso criar uma consciência de busca de aprimoramento das competências humanas voltadas à abertura de oportunidades iguais para todos.

Compreendendo os novos processos e adequando-se a eles

Até agora, a abordagem se restringiu à prática pedagógica em salas de aula, em situação presencial tanto do educador como do docente. Francisco Gutierrez e Daniel Prieto[24] fazem uma importante análise da educação a distância em tempos de novas tecnologias, com especial atenção para a questão da validação e avaliação pedagógicas.

Em comparação ao que comumente é feito na educação tradicional, na educação a distância há profundas mudanças de métodos e de postura, pautadas por um olhar diferente sobre a questão da avaliação. De vítimas ou algozes, os alunos passam a ser agentes importantes não só de observação, mas de desencadeamento de alterações curriculares, como também da ação do docente. Nessa proposta de pensar a avaliação em seus sentidos de conteúdos, atitudes, criatividade, relações humanas e resultados, observa-se um caminho mais humanizado. Há uma proposta de respeito à diversidade do pensar, do ser e do fazer das pessoas, buscando compreender as diferenças não como prejuízos, mas como condição básica na composição da sociedade. Essa avaliação de forma mais aberta e coerente com o espírito humano tende a conferir uma base mais igualitária de acesso aos meios de compreensão do mundo. E tal fato permite a prática da cidadania sem barreiras impositivas, preestabelecidas e até preconceituosas.

A avaliação pedagógica no que os pesquisadores chamam de educação alternativa contempla a apropriação dos conteúdos pelos alunos com atenção a sua capacidade de recriar conceitos, de-

204   Um sensível olhar sobre o terceiro setor

senvolver a capacidade de se relacionar com o mundo e dar sua contribuição aos processos sociais por meio dos próprios talentos e possibilidades. Os indivíduos tenderão a apresentar uma produção pessoal mais autêntica à medida que forem respeitados em aspectos intrínsecos a sua individualidade.

Ainda com relação aos novos processos para impulso ao progresso da humanidade, ressalte-se o fenômeno conhecido como *rede*. Como sistema de trabalho e de comunicação, ela traduz o momento pelo qual passa a humanidade, de patente queda de barreiras no tempo e no espaço. A realidade virtual preconiza esse estar juntos sem fronteiras de qualquer ordem. A democratização do acesso às informações, com algumas ressalvas, é fato. Nunca foi tão rápido e fácil adquirir, atualizar e utilizar os conhecimentos e, talvez, o mais notável, ordenar a busca desses conhecimentos a bel-prazer.

Andrea Ramal[25] destaca que a hipertextualidade traduz a liberdade do ser humano em sua capacidade de construção criativa do saber. Por meio de fragmentos aparentemente simples, ele é capaz de criar um universo pessoal que encontra outros universos, gerando contextos em contínua e espantosa mutação.

Uma ação em rede demanda um pensamento em rede; portanto, muda-se a própria cultura de pensar e agir. Nesse sentido, não se admitem atitudes isoladas. É o pensar coletivo em todos os seus níveis possíveis. Cada *link* é uma conexão com outro universo, com outros pensamentos. O outro passa a estar mais tangível com mais rapidez, porque cada acesso leva ao agente pensante e organizador daquele saber. Ser e estar em rede: um desafio que atesta o dom efetivo do compartilhar.

Considerações finais

Parece que o campo de inter-relação comunicação–educação, por ser novo quanto à organização conceitual, requer o auxílio

Educomunicação: novo campo de atuação... 205

da prática para consolidar sua teorização. Nesse sentido, é muito favorável que se busque a implementação de projetos voltados à prática inerente a essa nova área de conhecimento. Débora Nakache e Maria Teresa Torrealba[26], ao discorrerem sobre a produção dos meios nas escolas, possibilitam um importante ponto de partida para reflexões fundamentais na elaboração dos projetos. As pesquisadoras enfatizam que, para pensar conteúdos e meios, os elementos básicos são: perfil da escola, dos docentes e dos alunos e profundo conhecimento das necessidades e expectativas de todos os envolvidos. Novamente, ressalta-se a importância de estudar as práticas educativas implementadas pelas organizações do terceiro setor que levam em conta esses aspectos e alcançam resultados efetivos.

Um dos pontos essenciais na capacitação é centrar-se na reconstrução dos conhecimentos e não apresentar fórmulas prontas que subestimem a bagagem de conhecimento do aprendiz. Muitos projetos de capacitação deixam de lado os fatores tempo e espaço vividos e pretendem originar um novo ser por "geração espontânea" – tarefa impossível. Todos somos o que fomos e só acrescentando mudanças é que seremos outros sem deixarmos de ter sido.

Diante de tantos conceitos e novas propostas sobre a inter-relação comunicação–educação, entende-se ainda ser necessário um tempo de maturação das idéias e das atitudes e ter disposição para aceitar as possibilidades de mudança para melhor. É preciso problematizar, questionar, buscar subsídios para a criação de outras epistemologias que levem à compreensão dos fenômenos, evitando o perigo de cerceamento pelo isolamento cristalizado em personalismo e medo de mudança. De qualquer maneira, reitere-se a expectativa da inestimável contribuição que essa discussão propiciará ao terceiro setor, influindo na reformulação de suas estratégias de ação educativa voltada para o social menos favorecido. Talvez ocor-

206 Um sensível olhar sobre o terceiro setor

ra um salto qualitativo importante, levando em conta também a aproximação entre a universidade e tal segmento, que efetivamente necessita desse apoio fundamental à melhoria de sua atuação. Para encerrar, destaque-se a afirmação de John Dewey[27] de que o ser humano sempre tende a pensar e agir de acordo com extremos opostos, não aceitando as possibilidades intermediárias, alegando que a teoria na prática se modifica ante circunstâncias específicas. Ressalte-se, também, a reflexão de Jesús Martín-Barbero[28] sobre a reconfiguração de hábitos e culturas pelo advento das novas tecnologias, falando dos novos modos de estarmos juntos. Pensar a inter-relação comunicação–educação é refletir sobre a existência de outros caminhos nascidos de uma discussão aberta e um olhar mais humanitário.

Notas

1. Mário A. Alves e Luiz C. Merege, "Desenvolvendo a filantropia empresarial através da educação", *Cadernos do III Setor*, n. 1

2. Do inglês *hypertext*. Nomenclatura difundida com o advento da internet, significa caminho para outras informações por meio de seqüências associativas.

3. Termo em inglês usado na informática que significa assuntos ou áreas vinculados.

4. Michael Cole, *Sustaining model systems of educational activity: designing for the long haul*.

5. Ismar de Oliveira Soares, *Uma educomunicação para a cidadania*.

6. Cecília M. K. Peruzzo, *Comunicação em movimentos populares*.

7. Maria C. Loschiavo Santos, "Perto dos olhos, longe da razão: aspectos do design e do habitat informal nas grandes metrópoles".

8. Bader Sawaia, "Inclusão ou exclusão perversa?".

9. Boaventura de Sousa Santos, *A construção multicultural da igualdade e da diferença*.

Educomunicação: novo campo de atuação... 207

10. Roger Dale, "O marketing do mercado educacional e a polarização da educação".

11. Marisa N. Sampaio e Lígia S. Leite, *Alfabetização tecnológica do professor*.

12. Ismar de Oliveira Soares, "La comunicación/educación como nuevo campo del conocimiento y el perfil de su profesional".

13. John Dewey, "Traditional vs. progressive education".

14. Gerald D. Berreman, *Behind many masks. Ethnography and impression management in a Himalyan Village*.

15. Paulo Freire, *Educação e mudança*.

16. Philippe Perrenoud, *Pedagogia diferenciada: das intenções à ação*.

17. Boaventura de Sousa Santos, *op. cit.*

18. Donna M. Goldstein, *Nothing bad intended: child discipline, punishment and survival in a shantytown in Rio de Janeiro, Brazil*.

19. Guillermo Orozco, "Professores e meios de comunicação: desafios, estereótipos", *Educação e Comunicação*, n. 10.

20. José Luis O. Reyes (coord.), *Curriculum y televisión. Primeros itinerarios de una agenda teórico-metodológica*.

21. Mary Julia M. Dietzsch, "Imagens de leitura e escrita no diálogo com as professoras".

22. Ismar de Oliveira Soares, "A crise de valores: uma análise a partir da Teoria da Aprendizagem Social".

23. Elizabeth Martucci, "Informação para educação: os novos cenários para o ensino fundamental", *Informação e Sociedade*, v. 10, n. 2.

24. Francisco Gutierrez e Daniel Prieto, *Mediação pedagógica: educação a distância alternativa*.

25. Andrea Cecília Ramal, "Redes".

26. Débora Nakache e Maria Teresa Torrealba, "La capacitación desde el proyecto de producción de medios".

27. John Dewey, *op. cit.*

28. Jesús Martín-Barbero, "Cidade virtual: novos cenários da comunicação", *Comunicação & Educação*, n. 11.

Referências bibliográficas

ALVES, Mário A.; MEREGE, Luiz C. Desenvolvendo a filantropia empresarial através da educação. *Cadernos do III Setor*, FGV/SP, n. 1, nov. 1997.

BERREMAN, Gerald D. *Behind many masks. Ethnography and impression management in a Himalyan Village.* Ithaca, NY: Society for applied Anthropology, 1962.

COLE, Michael. *Sustaining model systems of educational activity: designing for the long haul.* Paper apresentado no Symposium Honring the Work of Ann Brown. Berkeley, Califórnia, jan. 2001.

DALE, Roger. O marketing do mercado educacional e a polarização da educação. *In*: GENTILI, Pablo (org.). *Pedagogia da exclusão. Crítica ao neoliberalismo em educação.* 8. ed. Petrópolis: Vozes, 1995.

DEWEY, John. Traditional vs. progressive education. *In*: *Experience and education.* Cap. I. Apostila da disciplina "Inclusão e Exclusão" da Fac. de Educação USP.

DIETZSCH, Mary Julia M. Imagens de leitura e escrita no diálogo com as professoras. *In*: DIETZSCH, Mary Julia M. (org.). *Espaços da linguagem na educação.* São Paulo: Humanitas, 1999.

FREIRE, Paulo. *Educação e mudança.* Rio de Janeiro: Paz e Terra, 1979.

GOLDSTEIN, Donna M. *Nothing bad intended: child discipline, punishment and survival in a shantytown in Rio de Janeiro, Brazil. In*: SHEPER-HUGHES, Nancy; SARGENT, Carolyn. *Small Wars: the cultural politics of childhood.* Berkeley/Londres: University of California Press, 1998.

GUTIERREZ, Francisco; PRIETO, Daniel. *Mediação pedagógica: educação a distância alternativa.* Campinas: Papirus, 1994.

KAPLÚN, Mario. Processos educativos e canais de comunicação. *Comunicação & Educação*, São Paulo, Moderna/USP, n. 14, 1999.

MARTÍN-BARBERO, Jesús. Cidade virtual: novos cenários da comunicação. *Comunicação & Educação*, São Paulo, Moderna/USP, n. 11, jan./abr. 1998.

MARTUCCI, Elizabeth. Informação para educação: os novos cenários para o ensino fundamental. *Informação e Sociedade*, João Pessoa, v. 10, n. 2, 2000.

Educomunicação: novo campo de atuação... 209

MÍDIA E EDUCAÇÃO – *Perspectivas para a qualidade da informação*. Brasília, 2000.

NAKACHE, Débora; TORREALBA, Maria Teresa. La capacitación desde el proyecto de producción de medios. In: *Producción de medios en la escuela. Reflexiones desde la práctica*. Buenos Aires: Secretaría de Educación/Unesco, 1998.

OROZCO, Guillermo. Elementos para una política de educación mediática. In: VALDERRAMA, Carlos. *Comunicación-Educación: coordinadas, abordajes y travesías*. Bogotá: Diuc, 2000.

_____. Professores e meios de comunicação: desafios, estereótipos. *Comunicação & Educação*, São Paulo, Moderna/USP, n. 10, set./dez. 1997.

PERRENOUD, Philippe. *Pedagogia diferenciada: das intenções à ação*. Porto Alegre: Artmed, 2000.

PERUZZO, Cecília M. K. Comunicação e educação para a cidadania. Disponível em: http://www.eca.usp.br.

RAMAL, Andrea Cecília. Redes. In: *Educação na cibercultura, hipertexto, leitura, escrita e aprendizagem*. Tese de doutoramento Pontifícia Universidade Católica, Rio de Janeiro, 2001.

REYES, José Luis O. (coord.). *Curriculum y televisión. Primeros itinerarios de una agenda teórico-metodológica*. Santiago, Chile: Ministerio de Educación/Ceneca, 1996.

SAMPAIO, Marisa N.; LEITE, Lígia S. *Alfabetização tecnológica do professor*. 2. ed. Petrópolis: Vozes, 1999.

SANTOS, Boaventura S. *A construção multicultural da igualdade e da diferença*. Palestra proferida no VII Congresso Brasileiro de Sociologia. UFRJ/IFCS, set. 1995.

SANTOS, Maria C. Loschiavo. Perto dos olhos, longe da razão: aspectos do design e do habitat informal nas grandes metrópoles. *Psicologia USP*, São Paulo, v. 5, n. 1/2, 1994.

SAWAIA, Bader. Inclusão ou exclusão perversa? *In*: SAWAIA, B. (org.). *As artimanhas da exclusão: análise psicossocial e ética da desigualdade social*. 2. ed. Petrópolis: Vozes, 2001.

SIERRA, Francisco. La galaxia McLuhan. *In: Introducción a la teoria de la comunicación educativa*. Sevilla: MAD, 2000.

SOARES, Ismar de Oliveira. A crise de valores: uma análise a partir da Teoria da Aprendizagem Social. *In: Comunicação e educação nos Estados Unidos*. Pesquisa de pós-doutorado. Pesquisa de pós-doutorado. Marquette University, Wisconsin, EUA/Fapesp, São Paulo, cap. IV.

_____. A mobilização da sociedade: iniciativas do governo, da universidade e dos centros de pesquisa. *In: Comunicação e educação nos Estados Unidos*. Pesquisa de pós-doutorado. Pesquisa de pós-doutorado. Marquette University, Wisconsin, EUA/Fapesp, São Paulo, cap. VIII.

_____. *Uma educomunicação para a cidadania*. Disponível em: http://www.artesdobrasil.com.br/ismarpaper.html. Acesso em 16 jul. 2001.

O voluntariado

Eudosia Acuña Quinteiro

"O voluntariado – entendido como doação espontânea e gratuita de tempo, trabalho e talento para ações que beneficiam outras pessoas e melhoram a vida de todos – representa, no Brasil de hoje, um encontro fecundo entre os valores de solidariedade e da cidadania."

Ruth Cardoso[1]

Quando se pensa em terceiro setor – nome que engloba a reunião das mais diferentes entidades sem fins lucrativos que, embora de âmbito privado, trabalham pelo interesse público –, imediatamente se faz a associação à participação do voluntariado ou à melhor expressão do exercício de cidadania que se conhece. A ação voluntária, espontânea e não remunerada, é movida pela emoção, pelo desejo de ser útil à causa em que se acredita e que envolve, em seu desdobramento, os mais diversos temas do conhecimento e da atividade humana. "Os voluntários são pessoas comuns que precisam incorporar um perfil próprio voltado para a causa social."[2]

Ser voluntário é como realizar um sonho de cunho social, fazendo parte das necessidades da própria vida. Essa energia e sinergia são a ferramenta extraordinária que impulsiona as entidades engajadas com as mais diferentes atividades que envolvem nosso social. É algo que avança, interpenetra o social e se torna uma tendência que abre grandes chances para o progresso tão desejado por todos. Em 1998, Gilberto Dimenstein já comentava, e com razão, o ar de mudança:

> Meu otimismo é motivado, especialmente, porque vejo o surgimento de uma nova elite paulistana, socialmente sensível. É a versão avançada de ser chique. Bancos e sindicatos de bancários se unem para educar meninos de rua; empresas entram dentro de escolas públicas; parques e ruas são adotados. Está virando sinônimo de brega um empresário incapaz de pensar numa intervenção em sua comunidade.[3]

O terceiro setor e o voluntariado são os elementos-chave de uma força reorganizadora que ultrapassa as fronteiras de qualquer país, realizando o que efetivamente se pode chamar de globalização. É a maior rede de amor e paz que percorre todo o planeta. O terceiro setor não tem fronteiras, envolve-se com as carências do mundo como um todo.

Ações espontâneas, como taxistas que adotam uma praça abandonada, recuperando-a com os próprios recursos, transformando-a em um belo jardim, ou moradores que decidem acabar com o monturo de suas ruas, reunindo-se em mutirões, cuidando de calçadas, arborizando-as e tornando a paisagem mais agradável, são exemplos de um sem-fim de ações voluntárias, todas elas fazendo parte do contexto ideológico do terceiro setor, embora sem uma instituição legalmente organizada. A propósito, quando uma entidade é juridicamente regulamentada, recomenda-se prudência para as partes envolvidas – instituição e voluntariado. Algumas

O voluntariado 213

considerações devem ser tratadas com muita clareza na filiação voluntária. Isso evita contendas futuras, por mal-entendidos no desenvolvimento das propostas e políticas características de uma organização do terceiro setor. Os objetivos do voluntário, com relação ao que pretende realizar na entidade, devem estar definidos com muita clareza, para que as ações pretendidas em comum fiquem bem entendidas, coerentes, evitando conflitos desnecessários na participação do voluntariado e, principalmente, com atenção aos possíveis prejuízos à instituição.

Alguma consideração, arrazoamento ou meditação, não importa como se entenda, faz-se imprescindível quando se pretende assumir o posto de voluntário. Em primeiro lugar, deve-se definir com precisão que tipo de participação efetivamente se deseja realizar, buscar respostas com absoluta honestidade: por que ser voluntário? O que se espera de um voluntário? Essa reflexão é ponto-chave e é ela que leva aos diversos tipos de voluntariado e aos valores que se quer imprimir a nossa ação voluntária. O improviso, nesse setor, está totalmente descartado; ele é sempre perigoso e pode causar dor a terceiros.

A solidariedade, quando entendida por um ponto de vista macro, revela de imediato dois grandes tipos de voluntário: o benéfico, bem-intencionado e estruturado e o irresponsável, aproveitador. Basicamente, o planejamento pessoal, de participação voluntária, é que pode qualificar cada um. É como um divisor de águas nesse assunto, que envolve atenção ao compromisso com a entidade, com sua liderança, e tantos outros detalhes, sempre muito importantes para resultados efetivos de ambas as partes, mas pouco lembrados pelos participantes ocasionais, despreocupados com a dor alheia. Não é tão fácil assim encontrar um bom voluntário.

O voluntariado é uma verdadeira luz. É a oportunidade de uma ação cheia de encanto e de altruísmo. É a certeza de uma realização necessária em benefício de terceiros menos favore-

214 Um sensível olhar sobre o terceiro setor

cidos. No entanto, todo esse vigor não pode ficar à solta – ele necessita de um olhar muito especial. É como um diamante em estado bruto, que necessita de lapidação competente. Amor sem limites atrapalha e a insensibilidade não convém. Não se pode esquecer que todos trabalhamos pela inclusão social do carente, no desejo de transformar o mundo em algo bem melhor em todos os sentidos. A ação voluntária torna-se não só importante, mas imprescindível.

A Organização das Nações Unidas define assim o trabalho voluntário:

> O voluntário é o jovem ou o adulto que, devido ao seu interesse pessoal e ao seu espírito cívico, dedica parte do seu tempo, sem remuneração alguma, a diversas formas de atividades, organizadas ou não, de bem-estar social ou outros campos.[4]

Por que ser voluntário?

O voluntariado sempre foi considerado uma ação de doação de amor, uma ação cívica, algo que fala do bom coração das pessoas envolvidas. No momento, ser voluntário é bem mais do que isso – quando se leva em conta que o trabalho em favor dos outros gera em alguns países em torno de 5% do PIB –, pois muitas entidades produzem bens e serviços não apenas em favor de terceiros, mas também para a comercialização, que ajuda a promover sua auto-sustentação. Os serviços sociais voluntários envolvem um sem-número de pessoas que dedicam horas semanais à solidariedade. Para muitos, uma ação perfeitamente integrada em sua vida, em seu dia-a-dia. É, sem a menor dúvida, um forte movimento de capital social e capital humano, empenhando-se em caminhar na mesma direção. Diríamos que é bem mais: é o exercício político de maior poder que um povo apresenta neste exato momento, abrangendo todo o planeta e com tendência a aumentar suas atividades sem escala previsível.

O voluntariado 215

Em 18 de fevereiro de 1998, o então presidente da República, Fernando Henrique Cardoso, dispôs por decreto e sancionou a Lei do Voluntariado (Lei 9.608), regulamentando o termo de adesão ao trabalho voluntário. Tal iniciativa era mais do que necessária para evitar que pessoas de má-fé praticassem o voluntariado e, depois de algum tempo de atividades, pedissem na Justiça seus direitos trabalhistas, causando conflitos e prejuízos para a entidade.

Em 2001, Ano Internacional do Voluntariado, grandes apelos participativos envolveram o mundo todo, vindos dos mais diversos segmentos, dos governamentais aos religiosos. O voluntariado foi um dos assuntos mais divulgados pelos meios de comunicação de massa, gerando, claro, muita polêmica. A reação a tal persistente convocação pela mídia foi muito positiva, ou melhor, positiva quanto ao chamado, ao apelo, à divulgação da ação voluntária, mas duvidosa quanto à real eficiência dentro das instituições.

Aqueles que queriam muito ajudar invadiram escolas, entidades, hospitais, organizações não-governamentais – uma corrida desenfreada e perigosa, pois desejavam contribuir de qualquer maneira, fazer qualquer coisa, afinal estava na moda... Ser voluntário até enriquece o currículo, contando pontos na hora de conseguir emprego! Entretanto, nem sempre esse tipo de atitude pode ser considerado eficaz ou mesmo saudável para ambas as partes envolvidas. O voluntariado, antes de tudo, é uma ação cidadã, que vem do coração, da sensibilidade de cada um, e é de alta responsabilidade.

O chamado pela mídia, tão insistente, foi muito bom. Fortificou bastante a responsabilidade de cada um no tocante ao ato de ajudar, de aceitar mudanças provenientes de um novo pensar a cidadania, não mais como caridade de restos, mas de efetiva ação pessoal incorporada a um coletivo. Após tanta confusão, o conceito de responsabilidade social fixou-se, favorecendo definitivamente as ações de solidariedade, recriando um sentimento proativo e al-

216 **U**m sensível olhar sobre o terceiro setor

terando de modo positivo a maneira de exercitar a cidadania. O voluntariado está cada vez mais organizado, sedimentando valores básicos, específicos e voltados para uma prática profissional. O cuidado com esse setor propiciou

a criação do "Programa Voluntários" pelo Conselho da Comunidade Solidária, em dezembro de 1996, com a missão de contribuir para a promoção, valorização e qualificação do trabalho voluntário em nosso país, [...] outro fato marcante na história do voluntariado no Brasil.[5]

Isso também levou ao surgimento do Centro de Voluntariado de São Paulo e outras organizações semelhantes, todas preocupadas em promover cooperação de alto nível. Essas instituições muito contribuem para o avanço do terceiro setor. O pensamento apressado de fazer "qualquer coisa, de qualquer jeito" vem perdendo espaço entre os candidatos ao voluntariado – o que é muito bom, pois ninguém pode ser voluntário por compulsividade. Oferecer serviços de maneira qualificada a uma comunidade carente significa, cada vez mais, prestar serviços de excelência e de responsabilidade, mas principalmente de respeito e para uso imediato.

No terceiro setor, tudo é muito urgente: capacitação de mão-de-obra, geração ou captação de recursos financeiros, elaboração de projetos e qualquer outra ação que consolide o setor, mas com qualidade e competência. "Qualquer coisa" não faz o menor sentido. A caridade de restos para a inclusão social não funciona e não é mais viável, tampouco aceitável. Melhor ainda é a mudança de conceito que paulatinamente gera uma nova filosofia de renovação social, quebrando velhos modelos de pensar e agir com relação aos mais esquecidos. O carente bem assistido torna-se valor de produção para o mercado de trabalho, ajudando a nação a renovar-se. É uma mudança que ajuda a arejar um pouco as idéias preconcebidas de muitos empresários, refratários ao humanismo, que só consentem

O voluntariado

em praticar o bem ou a filantropia empresarial com muita ostentação e bom retorno pela mídia. A proposta humanista é a base do terceiro setor e dos âmbitos que influencia.

Muitos perguntarão: mas e a boa vontade? É muito boa essa vontade de ajudar, essencial mesmo nessa diversidade de atores e de cenários, mas ela necessita reeducar-se, reorganizar-se melhor no tempo, no momento atual da vida humana, para que possa efetivamente ser útil. Nada contra a boa vontade; ela é matéria-prima imprescindível para todas as ações humanas e para acabar com a exclusão social. O que se pede, porém, é que a boa vontade também passe pelo crivo da razão. Aliás, não se pode mesmo ajudar sem boa vontade, mas o voluntariado, hoje, reveste-se de especificidade, ou melhor, de profissionalismo, de atos profissionais. Não há boa vontade que possa substituir uma ação jurídica; isso é responsabilidade dos advogados. Por mais boa vontade que alguém possa ter, não pode receitar um remédio; essa ação é específica da área médica e somente um profissional especializado pode executá-la, e graciosamente. O voluntário não cobra.

Há pouco tempo, a TV mostrou uma professora aposentada que dedica parte de seu tempo à ação voluntária de escrever e ler cartas para a população de rua de uma área central da cidade de São Paulo. Essa população quer se comunicar com os parentes distantes, dar e receber notícias, porém, por ser analfabeta, necessita de ajuda. Esse tipo de voluntariado está corretíssimo. Ler e escrever são atribuições profissionais do professor – ou ele ensina, ou faz. Nesse caso, dada a emergência da situação, a professora optou por realizar voluntariamente para os carentes o que eles não sabem fazer. Esse é um exemplo de ato de absoluta boa vontade, mas dentro dos rigores da profissão e da cidadania, e não fazendo "qualquer coisa, de qualquer jeito", só porque se ajuda uma população carente. O carente precisa ser tratado com humanidade e, principalmente, com respeito. Não se admite improviso no amor ao próximo.

218   Um sensível olhar sobre o terceiro setor

O ato de escolher uma entidade para prestar serviços voluntários requer alguns cuidados. Primeiro, verificar se a entidade é honesta em suas propostas de solidariedade e cidadania e dedica-se a uma causa em que acredite. É bom ficar atento aos "espertos", que criam entidades para o próprio benefício; durante algum tempo, podem enganar, mas logo são descobertos e o prejuízo para os envolvidos é grande. Segundo, certificar-se de que a empatia entre voluntário e entidade é recíproca. Por último, estar efetivamente preparado e com disponibilidade de tempo, além de ter capacitação profissional que permita assumir a tarefa de maneira mais efetiva. Os que não possuem formação específica não devem ficar frustrados. Há sempre lugar e trabalho para todos. No entanto, que fique bem claro, ser voluntário está bem longe de constituir uma atividade casual.

O que se espera de um voluntário

Ser voluntário, para muitos, é exercitar o ato de pedir – alimentos, roupas, leite e tantas outras coisas. Pode-se assegurar que não é bem assim, ou melhor, não é apenas isso. Trata-se de uma participação ativa que gera e transmite alegria. É a oportunidade de participar de desenvolvimentos de livre escolha, de acordo com as propostas previstas pela entidade, que o levem a executar novas ações, a descobrir talentos muitas vezes jamais imaginados, a vislumbrar outras oportunidades de crescimento intelectual e principalmente humano que o conduzam à realização, com satisfação e felicidade.

Além do desejo de servir, estar apto a realizar a tarefa, dispor de tempo e ter boa vontade, o que fazer? Encontrar uma entidade compatível com a expectativa da realização da tarefa desejada é um bom começo. A instituição espera que o desejo do candidato seja efetivamente sincero, sem qualquer intenção de oportunismo. Partindo dessa hipótese, o voluntário deve começar por se fami-

O voluntariado

liarizar com todas as atividades da entidade em que se candidatou a servir, ler o estatuto, conversar com as pessoas que já atuam no local, conhecer os beneficiários. Sem esse macroconhecimento não é possível iniciar qualquer microserviço. Só se atende bem uma parte se o todo estiver bem entendido.

Tal conhecimento passa pelas instalações físicas e pelas atividades realizadas, mas sobretudo pelo entendimento da missão da instituição, sua filosofia, sua crença. A leitura do estatuto é importante para que se tenha mais clara a missão da entidade. Também é fundamental indagar sobre os planos futuros e conhecer o regulamento interno; isso facilita muito o relacionamento comum entre o voluntário e a entidade e evita sugestões inoportunas e delírios insuportáveis, que servem apenas para distrair e atrasar a ação prevista para a instituição.

Muitas organizações não têm a missão bem definida. Do que está escrito ao que efetivamente é feito há razoável distância. O macroconhecimento da entidade e das efetivas ações que pratica facilita muito o real entendimento dessa missão, que pode estar superada pelo passar do tempo e pelo crescimento da instituição ou ainda nem ter começado. O realizar e o contar nem sempre estão no mesmo passo. O importante é estar junto e ser cooperante, olhando na mesma direção que a entidade.

Há alguns anos, nas olimpíadas especiais de Seattle, também chamadas de Paraolimpíadas, nove participantes, todos com deficiência mental ou física, alinharam-se para a largada da corrida dos cem metros rasos. Ao sinal, todos partiram, não exatamente em disparada, mas com vontade de dar o melhor de si, terminar a corrida e ganhar. Todos, exceto um garoto, que tropeçou no piso, caiu rolando e começou a chorar. Os outros oito ouviram o choro. Diminuíram o passo e olharam para trás. Viram o garoto no chão, pararam e voltaram. Todos eles! Uma das meninas, com síndrome de Down, ajoelhou-se, deu um beijo no garoto e disse: "Pronto, agora vai pas-

220 **Um sensível olhar sobre o terceiro setor**

sar". E todos os nove competidores deram os braços e andaram juntos até a linha de chegada. O estádio inteiro levantou e não tinha um único par de olhos secos. E os aplausos duraram longos minutos. E as pessoas que estavam ali, naquele dia, repetem essa história até hoje. Por quê? Porque, lá no fundo, nós sabemos que o que importa nesta vida, mais do que ganhar sozinho, é ajudar os outros a vencer, mesmo que isso signifique diminuir o passo e mudar de curso. Que cada um de nós possa ser capaz de diminuir o passo ou mudar de curso para ajudar alguém que em algum momento de sua vida tropeçou e precisa de ajuda para continuar...[6]

Tipos de voluntariado

Cada entidade necessita de voluntários muito específicos, segundo sua missão, quer profissionais, quer leigos. Algumas organizações realizam cursos e treinamentos para melhor adequar os novos voluntários a suas necessidades. Outras precisam de voluntários bem treinados, com mais tempo na instituição e na tarefa para orientar os que chegam.

Os voluntários podem ser divididos em dois grandes blocos: os que efetivamente querem cooperar e os que querem apenas receber.

Voluntários que querem cooperar

Os voluntários cooperantes procuram adequar-se às normas, realizam as tarefas com muito boa vontade e tentam melhorar a cada dia, visando não apenas a seu desempenho pessoal, como também ao crescimento da instituição. Servem com a alegria da permanente descoberta, estão dispostos e abertos a mudanças e relevam desde os pequenos problemas até as grandes crises, em nome do trabalho satisfatório a realizar, empenhando-se nos mínimos detalhes, economizando luz, água, telefone e tudo que puderem, recriando e aproveitando materiais, cientes das dificuldades de manutenção de uma entidade. Pagam com presteza o que consomem, conscientes

O voluntariado

de que não devem ser um peso para a instituição que escolheram servir, e não se esquecem de perguntar a quem de direito antes de tomar iniciativas, tendo sempre em mente que o fato de ser voluntário não autoriza ninguém a tomar qualquer decisão sem consultar o departamento competente ou a diretoria.

Os cooperantes tornam-se excelentes pesquisadores, evoluindo de maneira natural no engajamento da entidade, procurando soluções e crescimento, esforçando-se pela excelência não apenas na condução do projeto em que estão envolvidos, mas principalmente em seu autodesenvolvimento. É gratificante acompanhar esse crescimento do voluntário participativo.

Voluntários que querem apenas receber

Os voluntários que escolheram uma instituição apenas para receber, seguindo o modismo ou qualquer outro sentimento distanciado do amor ao próximo, querem ser objeto de todas as honras, atenções, méritos e mordomias. Chegam constantemente tarde, alegando que são muito ocupados, e normalmente logo pedem café, mas sempre se esquecem de trazer o pó e o açúcar. Não raro saem cedo, sem concluir a tarefa e largando tudo nas mãos dos outros. Costumam escolher os trabalhos de que gostam mais ou os de maior visibilidade ou projeção, mesmo sem muito preparo ou jeito para tal. Falam muito, querem ser ouvidos, contam seus problemas e feitos a todos, atrapalhando bastante o andamento das tarefas. Um curso inteiro de paciência é o que oferecem! Quando ninguém está disponível para ouvir suas queixas habituais, as novidades sem importância ou as bravatas, usam o telefone da entidade para seus intermináveis desabafos, sem jamais colaborar com o pagamento da conta telefônica.

Querem aparecer a todo custo. Não trabalham, porém querem sair no centro da foto, entre os melhores. Em geral, dão muitas ordens, ainda que sem o menor gabarito para tal. Raramente estudam. Muitos vergonhosamente usam as pesquisas das entidades

222 Um sensível olhar sobre o terceiro setor

em benefício próprio e até as publicam, como se fossem suas e sem a menor cerimônia ou respeito – como se apropriar-se indevidamente das pesquisas de entidades fosse a coisa mais natural do mundo. É uma dificuldade para pagarem seus consumos pessoais; entendem que, se "trabalham", devem receber benefícios, um pensamento de funcionário revoltado, não de voluntário responsável, que se esforça em evitar gastos para a entidade que escolheu para servir e não para extorquir.

Esse tipo de voluntário é o que se acomoda, reclama muito de tudo e de todos, pouco produz e para quem nada está bom. Costuma perder prazos e comprometer a qualidade do serviço, colocando em risco os projetos de que participa, desclassificando-se, assim, para participar de novas tarefas. Enche-se de revolta e inveja, sem perceber que se enganou, que perdeu o rumo e que ninguém é culpado. Não consegue entender que é preciso reorganizar-se para encarar novas oportunidades com ânimo e, sobretudo, esforçar-se para crescer.

O voluntário benéfico é o voluntário responsável

"Muitas vezes você erra por sua personalidade, seu caráter, há interferências em sua carreira, e você aprende. O importante é aprender com os erros e evoluir."

Ayrton Senna[7]

Alguém pouco informado do que é efetivamente o trabalho do terceiro setor costuma recomendar a quem não sabe bem o que fazer da vida a prática do voluntariado, como se fosse remédio: "É ótimo para acabar com a depressão. Você vai esquecer todos os seus problemas cuidando de criancinhas carentes e logo vai sentir-se bem melhor". No entanto, tudo que qualquer criança *não* precisa é ser cuidada por pessoas em desequilíbrio, seja ele qual for. Curar-se primeiro e depois aparecer para doar seu trabalho voluntário é o ato mais coerente e de responsabilidade moral para com os mais necessitados.

O voluntariado pode até dar um sentido para a vida, mas há de se ter uma estrutura mínima de equilíbrio pessoal para que se possa doar algo de bom, de esperança, de alegria, de salutar, de necessário. Ser voluntário é uma realização, jamais um sacrifício. O voluntário benéfico é aquele que sabe muito bem por que quer ser voluntário. É o que decidiu e traçou metas para sua vida, deixando, de maneira consciente, um espaço, um tempo para auxiliar o próximo, sem precipitação; afinal, o prazer não tem pressa e o bom voluntário trabalha com prazer. Sua motivação é intrínseca; ele não precisa de frases feitas de motivação ou de apoio, não necessita observar sua liderança matando um leão por dia para fortalecer sua credibilidade na tarefa ou ouvindo a cada cinco minutos: "Você está indo muito bem".

O voluntário responsável está atento às necessidades da instituição que escolheu para se doar e não hesita em levar ao departamento competente ou à diretoria projetos compatíveis com as metas traçadas para melhor servir. Sente-se participante celular de uma equipe, assumindo com garra sua bandeira.

Percebe-se, com freqüência, a pouca previsão dos voluntários para as mudanças que fatalmente acontecem com as pessoas perseverantes na ação voluntária. Sua vida muda bastante. A nosso ver, essas mudanças são muito boas. Para toda ação corresponde uma reação. O ato de ajudar pensando nos outros e agindo positivamente muda a filosofia interna do voluntário, e para isso ele tem de estar atento.

O engajamento nas atividades voluntárias gera amor. Esse amor modifica a essência interior de cada participante, que, por sua vez, reflete-o a seu redor.

Atenção ao compromisso da entidade

"A organização sem fins lucrativos existe para provocar mudanças nos indivíduos e na sociedade."

Peter Drucker[8]

Bem antes de o voluntário entrar na entidade, ela já funcionava. Existem metas, etapas e prazos, e algumas pessoas estão realizando tarefas há um bom tempo. Recomenda-se, então, àquele que chega à instituição que observe com atenção e humildade os compromissos em andamento e que tente ser útil nas pequenas tarefas que lhe forem oferecidas, ciente de que uma grande obra só pode ser realizada se pequenas etapas forem cumpridas com êxito. Eu comecei minha jornada voluntária como porteira, embora já bacharel, e isso foi muito bom para meu aprendizado.

O que se pede a todo voluntário que deseja servir é que chegue em paz, que aceite o trabalho que lhe for designado até que a confiança se estabeleça entre as partes e que outras tarefas de maior responsabilidade possam ser oferecidas. Chegar exigindo, impondo, não é a melhor maneira de impressionar. A humildade é sempre um excelente cartão de apresentação.

É de bom tom "dar notícias" das tarefas em realização, das dificuldades, dos avanços ou dúvidas, assim como informar possíveis impedimentos pessoais, para que se possa conseguir um substituto em tempo para a tarefa em questão, evitando transtornos de última hora, desnecessários à continuidade do trabalho. Sua tarefa faz parte de um cronograma que envolve a participação de muitas pessoas, com prazos ou conexões entre os que promovem e os que serão assistidos. Há relações entre outras entidades nacionais e estrangeiras. Sua participação, mesmo aparentemente simples, é de suma importância.

O voluntariado

Comprometer-se com a tarefa e realizá-la como se fosse a mais importante de sua vida é o que se espera de um voluntário de responsabilidade. Essa atitude passa pelo intelecto e pelo coração, e algo que precisa ser treinado é o pensamento maior ou o "pensar grande" que todo servidor do bem necessita adquirir. Alguns voluntários ficam verdadeiramente atemorizados quando pensam em crescer. Acreditam que repetir as mesmas atividades anos a fio já está muito bom. Nivelam-se por baixo em nome do medo, da mesquinharia, impedindo o próprio avanço. É preciso aprender a pensar no todo, ainda que isso atemorize. Os caminhos de uma entidade independem dos medos pessoais.

O voluntário precisa de muita coragem para ir em frente, cumprindo metas e desafios, principalmente nos momentos mais difíceis de sua vida ou da vida da instituição, trabalhando sem desanimar jamais. Toda entidade passa por dificuldades; vencê-las é a principal tarefa do crescimento pessoal e conjunto.

Compromisso com a liderança

"Há um estranho charme nos pensamentos de um bom legado."

Miguel de Cervantes[9]

A liderança é a célula-mãe de uma entidade. É a idéia inicial ou continuadora de toda *creação*[10] que se manifesta. O voluntário é chamado a participar de um sonho, de um projeto implantado e concretizado pelo fundador ou pelos seguidores mais engajados desde o início do projeto. O voluntário que se mobiliza, trabalha e estuda por esse ideal com certeza será o próximo líder. O capital humano é a maior riqueza do terceiro setor.

As entidades ativas e responsáveis estão sempre envolvidas com projetos. Quando terminam um projeto, os bons resultados selecionam e qualificam os participantes para novos desafios, os que

226 Um sensível olhar sobre o terceiro setor

mais trabalharam, os vitoriosos. "Ação" é a palavra que melhor define esse segmento; afinal, a dor e a miséria não podem esperar. É uma sabedoria imensa poder participar harmoniosamente de um projeto em andamento sem exigir sua marca pessoal. A vaidade pode ser motivo de atraso na concretização total do projeto, assim como, o que é bem pior, tentar mudar o que já foi detectado pela equipe e que foi *creado* antes de sua chegada. Essas atitudes são profundamente deploráveis em qualquer situação e demonstram apenas a infantilidade do participante. Com base em minha longa experiência, recomendo:

▸ Fale sempre com seu líder, conte detalhes sobre o que está realizando. Não omita nada, mesmo as dúvidas que possam parecer insignificantes ou ridículas. Um detalhe que para você pouco ou nada significa pode ter outra leitura para quem tem o domínio, a visão de toda a obra. Não é necessário ser chato; é imprescindível ser honesto. A comunicação é a palavra decisiva para uma boa realização em equipe.

▸ Divulgue positivamente a entidade de que participa e o projeto em que está envolvido. Chame seus amigos para ajudar; o mesmo prazer que você sente pode ser oferecido a pessoas também interessadas em contribuir para um mundo melhor.

▸ Procure auxiliar na arrecadação de recursos, para que o projeto se concretize em tempo hábil.

▸ Uma liderança necessita de auxílio participativo, proativo e de inteira confiança na delegação das atividades. É imprescindível a cooperação de todos para acelerar a quebra de paradigmas tão necessária na busca de avanços e de novas realizações. Um líder compromissado em melhorar o que já vem fazendo bem agradece a cooperação no difícil relacionamento com o mercado e com o Estado. Suas relações pessoais nessas áreas podem minimizar muito as tarefas a serem concluídas, na maioria das vezes complexas pela ausência de cooperação efetiva e bem difíceis para quem só queria realizar um projeto social. Prove que você é o melhor voluntário que uma entidade pode ter, não abandonando sua liderança nos momentos difíceis que periodicamente acometem a instituição. Acima da pessoa de sua liderança há um sonho, um projeto de vida melhor para todos. Há uma organização a ser defendida para que seus frutos possam favorecer a todos os que necessitam de amparo. Seja comprometido com a urgência do trabalho a ser realizado, deixando de lado todo e qualquer desconforto pessoal.

Conclusão

Quando se pensa no terceiro setor, pensa-se no futuro não apenas de um país, mas sobretudo do próprio planeta, inteiramente interligado no desejo de transformação, de otimização da vida comunitária. Trabalhar como voluntário é construir esse futuro melhor, essa utopia que todos sonham e querem; no entanto, poucos se dedicam com responsabilidade e perseverança à concretização desse sonho comum.

O ato de ser voluntário é de plena interação entre pessoas. Engloba ações contextualizadas pelo amor entre os sujeitos sensivelmente capazes de compartilhar. Essa interação constrói um novo conhecimento, totalmente pautado na solidariedade, algo fora dos atuais preceitos políticos ou comerciais. É o voluntariado que consegue romper o consenso hipócrita da maioria dos pseudo-estadistas, que manipulam ações de solidariedade oportunas e demagógicas, mas totalmente desprovidas de caráter democrático.

O voluntário remete-se à fidelidade, à qualidade de ser fiel, à integridade, à lealdade, à honra, ao que não falha, ao que é seguro, exato e pontual. Dito assim, tudo junto, pode assustar. Entretanto, fidelidade é algo bem mais simples do que se imagina, porque está intimamente ligada ao amor. Ser fiel é um ato de carinho que envolve compreensão, amizade, agradecimento, respeito e principalmente perseverança. O fiel agrega, incentiva, desculpa e constrói, sem medo de quebrar estruturas formais emboloradas que impedem a igualdade entre os seres humanos. O terceiro setor se faz com muita fidelidade às idéias do progresso humano, aos projetos que os governos não querem realizar com medo de perder a popularidade ou os tão queridos votos, em nome dos quais se permitem faltar com a ética e a responsabilidade maior para com as mudanças que se fazem necessárias, principalmente na moral e no direito, criando amplas possibilidades na inter-relação entre as diferentes formas de vida planetária. Esse é o caminho difícil que o terceiro setor enfrenta.

O voluntariado é a força desse evoluir constante e transformador tão desejado. É o agente operacional que propicia em rede o salto qualitativo humano para uma vida melhor para todos, sem preconceitos ou exclusões de qualquer ordem. É a luta contra a miséria oriunda do desamor e imposta pelas desigualdades sociais consentidas pelas doutrinas de dominação. É o trabalho do voluntário que observa, rastreia as preocupações do momento ou do futuro quanto ao bem-estar local ou planetário. É ele que aponta caminhos novos para a humanidade ou retoma os caminhos oportunamente esquecidos por todos os poderes. É o voluntariado que agrega e garante o avanço da moral, da ética, do respeito ao próximo, aumentando esses espaços físicos e de consciência, com sua ação paulatina e consistente.

Ser voluntário é, sem dúvida, um privilégio, uma oportunidade de crescimento ímpar para todos os envolvidos. É o ato do entendimento maior necessário para este momento de transição do mundo, uma ação de crescimento conjunto, sem fronteiras ou barreiras de qualquer tipo. O voluntário consciente está totalmente voltado para a integração humana, sem restrições. O assistido de hoje, se

O voluntariado 229

bem orientado, será o voluntário de amanhã, ampliando cada vez mais os elos interpessoais de congregação e emancipação humana. Sua fundamentação é a urgente necessidade do amor ao próximo.

O terceiro setor é a maior mudança social de que se tem notícia, pois envolve pessoas de todos os países, pensando na mesma direção, independentemente de credo religioso ou filosofia política. O bem-estar de todos é o que efetivamente importa. É uma nova visão de revolução social não planejada por um único ser, mas realizada pela sensibilidade humana global, algo que jamais aconteceu de forma tão organizada, em absoluta consonância dos envolvidos, com tanta intensidade e grassando por todo o planeta. Foge à razão do conhecido, ao fundamento da legalidade vigente. Interfere nas propostas governamentais e nas mudanças do Direito.

O terceiro setor tem alma própria. Pode-se dizer que é a revolução da paz entre os povos, a rendição do amor ao próximo de modo incondicional. Trata-se da queda dos preconceitos, dos tabus, das hierarquias de poder embolorado e das exclusões cruéis e desnecessárias. O terceiro setor traz um novo porvir, embasado no crescimento pessoal e coletivo. É revolucionário no engajamento de um novo conhecimento ativo, que intervém positivamente nas comunidades, sem se limitar apenas à busca do consenso – essa tão antidemocrática ação que conhecemos –, constituindo um instrumento renovador da pedagogia, da filosofia e dos mais diversos campos que interferem na vida humana. O terceiro setor vem, de maneira suave porém decidida, tirando o bolor das estruturas cristalizadas, renovando um novo futuro para todos.

Cabe ao terceiro setor a renovação. Seu trabalho, suas pesquisas apontam para um mundo mais humano, mais feliz, sem medo de ser assistencialista quando necessário, ousado quando é preciso ser, poético quando a poesia nos invade com seus sonhos e utopias projetando-nos para o amanhã, firme quando a tempestade ruge, discreto e competente diante da dor, atento ao porvir, antecipando-se aos fatos, confiante no único Poder, o que emana de Deus.

230 Um sensível olhar sobre o terceiro setor

Por tudo isso é que não se aceita um voluntário introjetado nos próprios problemas, sem a menor condição de um olhar coletivo, ante a imensidade de ações necessárias e urgentes que envolvem o planeta. Todo voluntário deve estudar e trabalhar muito para ter direito a esse nobre título.

> *"Senhor, nós não somos o que pretendemos ser,*
> *nós não somos o que precisamos ser,*
> *nós não somos o que vamos ser,*
> *mas obrigado, Deus todo-poderoso,*
> *por não sermos o que éramos."*
>
> Oração afro-americana do Norte

Notas

1. Centro de Voluntariado de São Paulo, *Gerenciamento de voluntário: estruturação e implementação de programas de voluntariado em organizações sociais*, p. 1.

2. Mariângela Franco de Camargo *et al.*, *Gestão do terceiro setor no Brasil: estratégias de captação de recursos para organizações sem fins lucrativos*, p. 148.

3. Gilberto Dimenstein, "A elegância discreta de São Paulo", *Folha de S.Paulo*, 19 jul. 1998, p. 3.

4. Centro de Voluntariado de São Paulo, *op. cit.*, p. 13.

5. *Ibidem*, p. 12.

6. Texto da internet sem referência bibliográfica.

7. Alkíndar de Oliveira, *O trabalho voluntariado na casa espírita*, p. 53.

8. Peter Drucker, *Administração de organizações sem fins lucrativos: princípios e práticas*, p. 3.

9. *Apud* Burt Nanus e Stephen M. Dobbs, *Liderança para o terceiro setor: estratégias de sucesso para organizações sem fins lucrativos*, p. 229.

10. Termo usado pelo filósofo Huberto Rohden, que esclarece: "*Crear* é manifestação da Essência em forma de existência – *Criar* é a transição de uma existência para outra existência. O Poder Infinito é o *Creador*

O voluntariado

do Universo – um fazendeiro é um *criador* de gados". Essa explicação vem com o título de "Advertência" na primeira página das obras do pesquisador, publicadas pela editora Martin Claret.

Referências bibliográficas

CAMARGO, Mariângela Franco de *et al*. *Gestão do terceiro setor no Brasil: estratégias de captação de recursos para organizações sem fins lucrativos*. São Paulo: Futura, 2001.

CARDOSO, Ruth. Fortalecimento da sociedade civil. *In*: IOSCHPE, Evelyn Berg (org.). *Terceiro setor: desenvolvimento social sustentado*. 2. ed. Rio de Janeiro: Paz e Terra, 1997.

CENTRO DE VOLUNTARIADO DE SÃO PAULO. *Gerenciamento de voluntários: estruturação e implementação de programas de voluntariado em organizações sociais*. São Paulo, 2001.

COELHO, Simone de Castro Tavares. *Terceiro setor: um estudo comparado entre Brasil e Estados Unidos*. São Paulo: Senac, 2000.

DIMENSTEIN, Gilberto. A elegância discreta de São Paulo. *Folha de S.Paulo*, 19 jul. 1998, p. 3.

DRUCKER, Peter. *Administração de organizações sem fins lucrativos: princípios e práticas*. São Paulo: Pioneira, 1997.

GARCIA, Joana. *O negócio do social*. Rio de Janeiro: Jorge Zahar, 2004.

RICO, Elizabete de Melo; RAICHELIS, Raquel (orgs.). *Gestão social: uma questão em debate*. São Paulo: Uduc/IEE, 1999.

OLIVEIRA, Alkíndar de. *O trabalho voluntário na casa espírita*. São Paulo: Petit, 2001.

GOUVEIA, Maria Helena. *Viva e deixe viver: histórias de quem conta histórias*. São Paulo: Globo, 2003.

KLIKSBERG, Bernardo. http://br.groups.yahoo.com/group/3setor. Acesso em: 23 jul. 2003.

NANUS, Buet; DOBBS, Stephen. *Liderança para o terceiro setor: estratégias de sucesso para organizações sem fins lucrativos*. São Paulo: Futura, 2000.

TENÓRIO, Fernando G. (org.). *Gestão de ONGs: principais funções geren-ciais*. São Paulo: Fundação Getúlio Vargas, 1997.

IMPRESSO NA

sumago gráfica editorial ltda
rua itauna, 789 vila maria
02111-031 são paulo sp
telefax 11 6955 5636
sumago@terra.com.br

G R Á F I C A
sumago